EL DESTINO DE (

EL SUEÑO DE (

MW00991660

TONY EVANS

EL HOMBRE

DEL REINO

LifeWay Press®
Nashville, Tennessee

Publicado por LifeWay Press®
© 2013 Tony Evans
Segunda reimpresión junio 2015

ISBN 9781430031840
Ítem 005643503

Clasificación Decimal Dewey 305.31
Subdivisión: Hombres/Liderazgo/Vida Cristiana

A menos que se indique lo contrario, todas las citas se han tomado
de la Santa Biblia, Versión Reina-Valera de 1960, Propiedad de las
Sociedades Bíblicas en América Latina, publicada por Broadman &
Holman Publishers, Nashville, TN. Usada con permiso.

Para ordenar copias adicionales escriba a LifeWay Church
Resources Customer Services, One LifeWay Plaza, Nashville,
TN 37234-0113; FAX 615-251-5933, puede llamar por teléfono
gratis al 1-800-257-7744 o por medio de correo electrónico a
orderentry@lifeway.com también puede ordenarlo online en
www.lifeway.com o puede visitar su librería LifeWay más cercana o
su librería cristiana favorita.

Impreso en Los Estados Unidos de América.

Multi-Language Publishing
LifeWay Church Resources
One LifeWay Plaza
Nashville, TN 37234-0135

Índice

Acerca del autor

Dr. Tony Evans

El Dr. Tony Evans es uno de los líderes evangélicos más respetados en Estados Unidos. Es pastor, escritor de gran éxito y frecuente orador en conferencias y seminarios bíblicos en toda la nación.

El Dr. Evans ha sido el pastor principal de Oak Cliff Bible Fellowship en Dallas, Texas, durante más de 35 años. Allí ha visto crecer a su congregación de unas diez personas en 1976 hasta más de 9,000 asistentes, y tiene más de cien ministerios.

El Dr. Evans también es presidente de The Urban Alternative [La alternativa urbana], un ministerio nacional que a través de la iglesia busca lograr una renovación espiritual en la nación. Su programa radial diario "La Alternativa con el Dr. Tony Evans" se escucha en más de quinientas estaciones de radio en Estados Unidos y en otros 40 países.

El Dr. Evans ha publicado más de 50 libros, incluyendo Oneness Embraced [Abrazo a la unidad], The Kingdom Agenda [La agenda del Reino], Marriage Matters [El matrimonio importa] y Victory in Spiritual Warfare [Victoria en la guerra espiritual]. El Dr. Evans sirve de capellán en el equipo de futbol Dallas Cowboys de la NFL y para el equipo de baloncesto Dallas Mavericks de la NBA, en este último lleva más de treinta años.

Por medio de su ministerio, tanto local como nacional, el Dr. Evans ha puesto en marcha una filosofía del ministerio que se basa en la agenda del Reino y que enseña cómo Dios rige cabalmente en todos los aspectos de la vida ya sea mediante un individuo, la familia, la iglesia o la sociedad.

El Dr. Tony Evans está casado con Lois, su esposa y compañera de ministerio durante más de cuarenta años. Ambos son los orgullosos padres de cuatro hijos —Chrystal, Priscilla, Anthony Jr. y Jonathan— y los orgullosos abuelos de diez nietos —Kariss, Jessica, Jackson, Jesse III, Jerry Jr., Kanaan, Jude, Joel, Kelsey y Jonathan II.

Su destino
es la grandeza

Existe una gran cantidad de seres masculinos en el mundo de hoy que se contentan con deslizarse por la vida desapercibidos, tratando de no hacer olas a su alrededor. La responsabilidad, el liderazgo y la iniciativa son conceptos desconocidos para ellos. Y el mundo sufre por esto.

Nuestro mundo se resquebraja, no por falta de varones, sino por falta de hombres. Hombres de verdad. Hombres del Reino. Hombres que reconozcan la aptitud y el porvenir de la extraordinaria grandeza con la que Dios los ha dotado. Un hombre del Reino entiende y aprecia este don. No huye de la responsabilidad, corre hacia ella. Este es el tipo de hombres que el mundo necesita.

Pero el mundo no es el único que añora tener hombres del Reino. Dios también los desea y busca hombres que estén dispuestos a alinearse bajo Su gobierno cabal. Estos hombres, al someterse a Su autoridad como Señor, se disponen a ser líderes en sus familias, en sus negocios y en sus Iglesias. Cuando surge un hombre del Reino, todos los que están en su esfera de influencia se ven afectados de una manera positiva.

El tiempo para que regresen los hombres del Reino no puede ser más crítico. Nuestras familias los necesitan. Nuestros barrios los necesitan. Nuestras congregaciones los necesitan. Nuestro mundo los necesita. Este estudio es el punto de partida para esa clase de hombres, el hombre que usted sospechó que podía ser. Durante las próximas seis semanas descubrirá lo que es un hombre del Reino y cuán increíble es la responsabilidad que Dios le ha confiado. Sentirá el reto de vivir y lograr lo que nunca creyó que sería posible hacer. Y lo mejor de todo será descubrir que es Dios quien está abogando para que usted se convierta en esa clase de hombre.

Si está listo para el futuro grandioso que Dios le ha preparado, siga leyendo. Es hora de que este Reino inerte se despierte y comience su labor.

Así es cómo funciona

El propósito de este material es hacer tanto un estudio personal como también en grupo. La mejor manera de entender cómo ser un hombre del Reino es involucrarse en una meditación diaria individual y participar en un grupo semanal de estudio bíblico que incorpore conversaciones sobre los temas que se van desarrollando.

El estudio de cada semana comienza con una sugerencia para la experiencia en grupo. Cada sesión del grupo debe seguir este esquema general:

- *"Comience".* Cada semana comenzará con una breve conversación que facilitará que los miembros del grupo se conozcan mejor y que comenten las lecciones que el Señor les dio durante la semana previa.

- *"¿Qué cree usted?"* El grupo delibera los temas sugeridos con el fin de colocarse a la altura de las circunstancias o de las metas propuestas en la reunión. Se concluye con una oración.

- *"Salga a la calle".* La experiencia semanal del grupo termina con un versículo clave de las Escrituras para memorizar y los retos específicos que se deben lograr a medida que se sigue aprendiendo acerca de las herramientas que Dios ha provisto para vivir como hombres del Reino.

El segmento de enseñanza y los comentarios proveerán la base para el estudio personal durante la semana entrante. Todos los días usted leerá un tema de meditación que aclarará las Escrituras y las ideas que se presentarán al grupo de estudio. También completará las actividades de aprendizaje personal que le ayudarán a poner en práctica los principios de la hombría bíblica. A la semana siguiente el grupo se volverá a reunir para comenzar otra conversación basada en el trabajo individual que cada uno hizo.

A través de estas seis sesiones usted se encontrará deseando cosas que nunca antes había deseado, entendiendo cosas de su persona que nunca antes supo y derribando obstáculos que nunca imaginó. Es mi oración que estas verdades bíblicas sobre el hombre que Dios destinó que usted fuera entren a lo más profundo de su corazón y que en su familia, trabajo, iglesia y comunidad se sienta la influencia de un hombre que está ardiendo por el Reino de Dios.

Manos a la obra.

Se busca:
un hombre del Reino

En el juego de baloncesto, la canasta se coloca a 10 pies sobre el nivel del suelo. En cualquier gimnasio o cancha del mundo el aro debe colgarse a esta altura específica para que el juego esté de acuerdo con el reglamento. Pero no todas las canchas se ajustan al reglamento.

Usted puede comprar una canasta portátil que se instala en la rampa de la entrada y que tiene una altura ajustable. Este formato permite subir y bajar el cesto de acuerdo con la preferencia o estatura del jugador, de modo que cualquiera, por bajito que sea, puede experimentar la alegría de pasar el balón por la cesta.

Dios tiene un estándar. Tiene un propósito. Su Reino es Su objetivo. No obstante, hay muchos que rebajan esa norma de Dios y luego se felicitan a sí mismos por haber pasado el balón por la canasta. Los resultados de estos ajustes afectan a muchas más personas que solo a los hombres que están jugando en la cancha; nos afectan a todos. Los efectos se manifiestan en nuestros países, en nuestra sociedad y en el mundo. Solo tenemos que dar un vistazo alrededor de nuestras casas, iglesias, comunidades y el mundo para descubrir que los hombres —tal vez la mayoría— no han alcanzado la meta de vivir como hombres del Reino.

Pero Dios está a la caza.
Busca unos cuantos hombres buenos.

PRIMERA SEMANA
Compartiendo en el grupo

Comience

1. Preséntese al grupo y cuente algo personal que ayude a los demás a conocerle mejor. Diga lo que espera ganar con este estudio.

2. ¿Quiénes han provisto las influencias masculinas que son predominantes en su vida?

3. ¿Cuál cree que es la característica más importante de un hombre del Reino?

¿Qué cree usted?

Converse con el grupo acerca de estos asuntos:

1. ¿Dónde se nota más claramente la ausencia de los hombres del Reino hoy día?

2. ¿Por qué son tan pocos los hombres que viven en sumisión al señorío de Jesucristo?

3. Las tres etapas de la masculinidad son: ser varón al nacer, la época de la niñez, cuando depende de otros y el hombre adulto, cuando es responsable de otros que dependen de él. Honestamente, ¿en cuál etapa se ve a sí mismo?

4. Si está casado, ¿que revela la relación de su esposa con usted acerca de su relación con Dios?

5. ¿Qué cosas tendría que cambiar de inmediato en su vida si se transformara en un hombre del Reino?

Termine con una oración.

Salga a la calle

Versículo para memorizar

Y busqué entre ellos hombre que hiciese vallado y que se pusiese en la brecha delante de mí, a favor de la tierra, para que yo no la destruyese; y no lo hallé. Ezequiel 22:30

➤ Ore, mencionando el nombre de cada hombre en su grupo de estudio bíblico.

➤ Escriba en un diario (o libreta) la descripción del hombre del Reino que desea ser. Incluya cómo se va a comportar como esposo, como padre, en su trabajo y en su iglesia.

Lea la Semana 1 y complete todas las actividades diarias antes de la próxima reunión del grupo.

Día 1

Hombres desaparecidos

Andaba por las estaciones de seguridad de una prisión local donde le hablaría a un grupo de presidiarios y la escena era tal y como yo la esperaba: guardias, rejas de seguridad, armas y cercas. Pero lo que más me impresionó ese día en particular, fue saber que en algún momento de sus vidas cada uno de estos hombres confinados tras aquellos muros, habían estado bajo el cuidado de un hombre cuya tarea era guiarlos.

Sin embargo, a la mayoría de ellos no solo les había faltado un hombre que los protegiera y guiara, sino que además habían sufrido bajo el impacto negativo de los hombres. De hecho, el 70% de todos los presos provienen de hogares sin padres. Aproximadamente el 80% de los convictos por violación sexual, no tuvieron padres en sus hogares.[1]

¿Acaso son sorprendentes estas estadísticas? ¿Por qué o por qué no?

Fuera de las prisiones los números son igualmente alarmantes. Los hogares sin padre producen el 71% de todos los estudiantes que no se gradúan y el 63% de los suicidios juveniles.[2] Pero un hombre no tiene que estar físicamente ausente para crear un vacío en la familia.

¿Cómo es que un padre puede estar físicamente presente y a la vez crear un vacío en la familia?

¿Cuáles pueden ser algunos de los efectos en los hijos?

Muchos padres están ausentes de los pueblos y las ciudades por motivos de divorcios, negligencias, indulgencia exagerada, por intentar reemplazar la verdadera crianza paterna, por poner prioridad en sus negocios y trabajos o por amar algún deporte más que a sus hijos. Prácticamente, toda la patología social en los adultos está vinculada a los hogares sin padre o a los hogares con un hombre ausente, abusivo o negligente.

Si estas estadísticas no le impresionan, déjeme ver cuánto lo puedo impresionar con el impacto en su bolsillo. En los Estados Unidos, como promedio anual, se gastan unos $8 billones de dólares en quienes no se graduaron de la escuela superior, financiando programas de asistencia social como es el programa de estampillas para comprar alimentos.[3] Estos jóvenes que no terminan la escuela secundaria, también ganan durante sus vidas un promedio de $260,000 menos que los graduados, reduciendo el ingreso por impuestos de salario a la nación en unos $300 billones anuales.[4] Los embarazos juveniles cuestan un promedio anual de $10 billones en asistencia pública, reducción en ingresos y cuidados de salud.[5] Desde el 1972 la población encerrada en prisiones ha aumentado más de siete veces, logrando la tasa más alta en el mundo. Uno de cada quince dólares que gasta el gobierno federal va para las prisiones".[6] ¿Comienza a darse cuenta? Los hombres de verdad —los hombres del Reino— están en esos envases de leche que anuncian "Se Busca". Están desaparecidos, y todos estamos pagando el precio.[3]

¿Comienza a darse cuenta? Los hombres de verdad —los hombres del Reino— están en los costados de los envases de leche que anuncian "Se Busca". Están desaparecidos, y todos estamos pagando el precio.

Lea Ezequiel 22:30.

Y busqué entre ellos hombre que hiciese vallado y que
se pusiese en la brecha delante de mí, a favor de la
tierra, para que yo no la destruyese; y no lo hallé.

¿Qué buscaba Dios?

Los hombres del Reino han ido desapareciendo poco a poco, lentamente, durante un largo período de tiempo. En el libro de Ezequiel leemos que Dios desató Su juicio sobre una sociedad carente de un fuerte liderazgo masculino. Debido a que nadie se levantó y obedeció, Dios permitió que el pueblo de Judá se fuera por un camino equivocado en pos de sus propios ídolos. No hubo hombre que se levantara ante el pueblo para guiarlo por los caminos de Dios. Al final, Dios permitió la destrucción de la nación.

Si el Todopoderoso, Omnisciente Dios no puede encontrar un hombre que desee llenar la brecha para beneficio de la nación, debe ser porque los verdaderos hombres no se encuentran con facilidad. Claro, estoy seguro de que hay muchos varones por ahí. ¿Pero hombres del Reino? No hay muchos. ¿Y ahora?

Si hoy Dios hiciera una búsqueda intensa de hombres del Reino en esta nación o en todo el mundo, ¿regresaría con las manos vacías? ¿Cómo desea Dios que los hombres se presten a llenar la brecha que existe?

Ore hoy al Señor que a medida que usted progrese en este estudio, su corazón se abra en conformidad con la definición que Dios nos ha dado de lo que significa ser un hombre del Reino. Exprese su deseo de ser el hombre que Él le destinó a ser.

Día 2

Un hombre del Reino

Escuche conmigo durante un segundo. ¿Está oyendo el pedido a gritos por un hombre del Reino?

Está en cada latido del corazón de un niño que nació o que se está criando sin padre. Está en cada mujer cuyos sueños destrozó un hombre irresponsable o negligente. Sale de los hogares, las escuelas, los vecindarios, provincias y naciones que la ausencia de hombres del Reino han quebrantado.

Como hombre del Reino, su misión celestial es regir en la tierra. Usted representa al Rey. Ser su representante implica mucho más de lo que tal vez se haya imaginado.

Lea las palabras de Jesús en Marcos 1:15.

El tiempo se ha cumplido, y el Reino de Dios se ha acercado; arrepentíos, y creed en el evangelio.

Defina la frase Reino de Dios con sus propias palabras:

La palabra griega traducida como Reino en el Nuevo Testamento es *basileia*, que significa autoridad y mando. El Reino de Dios es la ejecución autorizada de Su supremo mandato sobre toda la creación. El Reino de Dios trasciende tiempo, espacio, política, denominaciones, culturas y todos los aspectos de la sociedad. El componente primario en que se apoya cualquier Reino es la autoridad de quien rige. Sin eso solo existe una anarquía. Caos. Un desastre.

Lea Génesis 2:15-25 en su Biblia. Anote el nombre de Dios que se usa en estos versículos exactamente como aparece en el texto.

Ahora lea Génesis 3:1. Cuando Satanás se refiere a Dios, ¿qué nombre usa?

Génesis 2 contiene varias referencias a Dios, destacando particularmente el modo en que Dios estaba relacionado con Adán. Todas las referencias de Dios usan el nombre Jehová Dios. Jehová es una transliteración del nombre hebreo que Dios usa para que su pueblo lo identifique: *Yahweh*. El significado literal de ese nombre es Señor y Gobernante Soberano y es el nombre con el cual Dios se revela a Sí mismo a la humanidad.

Pero en Génesis 3, Satanás usa un nombre diferente para Dios. En el primer versículo Satanás le hace una pregunta a Eva aparentemente inocua: "¿Conque Dios os ha dicho: No comáis de todo árbol del huerto?" Fíjese cómo Satanás no se refiere a Dios como Jehová Dios. Él le quitó el nombre Jehová y, al hacerlo, intentó quitar todo lo que este nombre representaba.

¿Por qué cree que Satanás escogió esta manera de referirse a Dios?

¿Cómo ese uso del nombre revela los propósitos y de Satanás?

A primera vista no parece importante, pero Satanás revela su verdadero carácter en el modo de referirse a Dios. Al tergiversar el nombre de Dios de manera sutil pero significativa, Satanás trata de reducir la soberanía de Dios sobre la humanidad. Satanás mantiene la apariencia de religiosidad a la vez que elimina la autoridad divina. Todavía hoy continúa haciendo lo mismo.

¿De qué manera el mundo niega la autoridad absoluta de Dios?

¿Cómo es que los creyentes y las Iglesias debilitan la autoridad de Dios?

Desde el momento en el que Satanás lanzó su reto en el Edén, ha habido una batalla continua sobre quién gobernará a la humanidad.

Desde el momento en que Satanás lanzó su reto en el Edén, ha habido una batalla continua sobre quién gobernará a la humanidad. Cuando los hombres toman decisiones basadas en sus propios pensamientos, creencias o valores en vez de basarlas en la Palabra de Dios, están escogiendo gobernarse a sí mismos. Llaman a Dios Rey pero no reconocen Su autoridad. Esencialmente, se comportan como Satanás. Aunque reconocen la existencia del Creador, buscan destronarlo.

Examine bien su vida. Marque cualquier aspecto en el que acepta la existencia de Dios pero no se somete a Su autoridad.

☐ Familia
☐ Relaciones sociales
☐ Profesión
☐ Iglesia o ministerio
☐ Ética personal

☐ Participación en la comunidad
☐ Recreación y entretenimientos
☐ Afición y pasatiempos
☐ Otro

Si queremos ser hombres del Reino, tenemos que luchar fuertemente contra la tendencia de destronar a nuestro Rey. Tenemos que detener la inclinación de vivir bajo nuestra propia autoridad. Un hombre del Reino es un varón que se coloca bajo la autoridad de Dios y vive su vida sometido al señorío de Jesucristo. En lugar de seguir su propia voluntad, un hombre del Reino busca la voluntad de Dios y acata la agenda de Dios en la tierra. Cuando un hombre del Reino funciona de acuerdo con los principios y preceptos del Reino, habrá orden y provisión. Si no lo hace, él y quienes le rodean se exponen al caos.

Ore intensamente para comprender la definición de hombre del Reino en el párrafo anterior. Someta al Rey cualquier aspecto que identificó en su vida que no esté bajo Su autoridad.

Día 3

El primer hombre

Todo era bueno. Todo. Sin excepción. En cinco días Dios creó una tierra espectacular con todos los encantos y delicias necesarios para vivir una vida plena. El sexto día Dios dio el toque final a su obra maestra: formó al hombre.

Lea Génesis 1:26-28 y anote las acciones de Dios.

"Dios _____" (v. 26).

"Dios _____" (v. 27).

"Dios _____" (v. 28).

Dios lo dijo, Dios lo creó y Dios lo bendijo. Pero, específicamente Dios dijo: "Hagamos al hombre a nuestra imagen, conforme a nuestra semejanza; y señoree... (v. 26). Este versículo nos comunica dos ideas importantes. Primero, el de la imagen y semejanza de Dios.

¿Qué cree usted que significa ser hecho conforme a la imagen y semejanza de Dios?

¿Qué efecto tiene el ser hecho a la imagen de Dios en la forma que usted ve la vida y su propósito en la tierra?

El plural en las expresiones "hagamos" y "nuestra imagen" se refiere a la naturaleza trinitaria de Dios. O sea, Dios existe en tres personas desde la eternidad y por la eternidad: Padre, Hijo y Espíritu Santo. Ser hecho a su imagen es ser un reflejo de Él. Al igual que un automóvil que se construye en la planta de ensamblaje refleja la naturaleza, el propósito y la intención del creador, también nuestro Creador diseñó a la humanidad para que esta reflejara la imagen de Su Dios. Eso nos lleva al segundo elemento clave de este pasaje: el hombre fue creado para señorear.

> **Dios le ordenó al hombre que señoreara, ¿significa esto que Dios ya no gobierna? ¿Cómo se relacionan el señorío de Dios y el señorío del hombre?**

Cuando Dios creó al hombre a su imagen, delegó en él la responsabilidad de cuidar y administrar Su creación. Hasta ese momento Dios había hecho todo el trabajo. Separó las aguas de la tierra seca, formó la luz, hizo crecer las plantas, creó el sol y la luna, puso las estrellas en el espacio, hizo los animales. Pero en el sexto día, cuando Dios creó al hombre, traspasó la mayordomía de la tierra a manos de los hombres.

> **¿Cuál es la diferencia entre un mayordomo y un dueño?**

> **¿Por qué es esa una diferencia importante?**

Hablemos claramente. Dios no pasó a los hombres la propiedad de la tierra. Pero sí nos asignó la responsabilidad administrativa de gobernarla. Dios le legó al hombre la oportunidad y la responsabilidad de administrar lo que Él creó.

Lea Génesis 2:15.

Tomó, pues, Jehová Dios al hombre, y lo puso en el
huerto de Edén, para que lo labrara y lo guardase.

¿Para qué puso Dios a Adán en el huerto?

¿Qué implicaciones tiene este versículo para los hombres que Dios
pone hoy en determinadas situaciones?

Adán fue puesto en el huerto para que lo trabajara y lo supervisara. Estas dos acciones todavía son válidas para la identidad de los hombres actuales. A pesar de que usted proteste cada vez que suena la alarma del despertador, salir a trabajar no es algo malo. De hecho, el trabajo es un concepto que vino de Dios. Es parte de su identidad y responsabilidad como hombre. Para Adán, labrar la tierra significaba hacerla productiva, desarrollar su potencial. De la productividad de la tierra Adán logró los medios para proveer a aquellos bajo su cuidado. Para los hombres de hoy, labrar la tierra significa proveer para quienes están bajo su cuidado. También a ellos tenemos que cultivarlos, asegurándonos que vivan a la altura de todo lo que Dios los creó para fueran.

Además, se le encomendó a Adán que guardase el huerto. La palabra hebrea que se usó aquí significa cuidar o estar a cargo de. A cada hombre se le encomienda cierta área, su huerto, para cuidarla y protegerla de peligros. Igual que con Adán, el propósito de Dios es que cada hombre sea responsable de cultivar y vigilar aquello que se le encomienda.

El propósito de Dios es que cada hombre sea responsable
de cultivar y vigilar aquello que se le encomienda.

¿Cuál es su "huerto", el área de la cual es responsable de cuidar y proteger?

¿Qué hace para cultivar su huerto?

¿Qué hace para vigilarlo?

¿En cuáles de estas funciones cree que necesita ayuda? ¿Por qué?

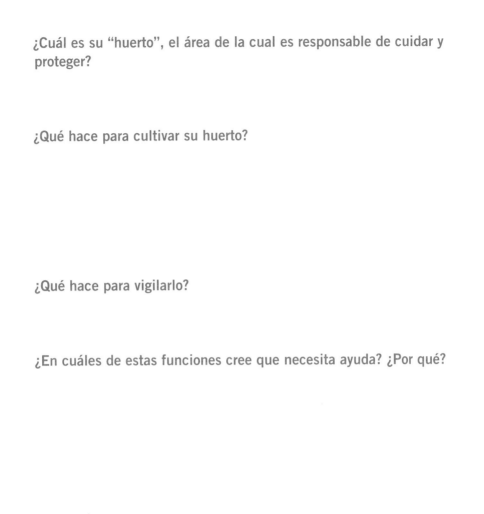

Ore por las cosas y las personas que Dios ha puesto bajo su cuidado. Al ir pensando en esa responsabilidad, pídale a Dios gracia, valor, fortaleza y sabiduría para cultivar y vigilar aquello que Él le ha encomendado.

Día 4

Adán, ¿dónde estás?

Era una orden sencilla: "Aquí está tu huerto. Trabaja aquí y cultívalo, cuídalo y protégelo". Bien sencillo.

Lea Génesis 3:1-7. ¿Quién fue tentado en esos versículos?

Ahora lea Génesis 3:8-9. ¿A quién buscaba Dios en el huerto?

Si Eva fue la que primero comió la fruta, ¿por qué Dios buscaba a Adán?

Es cierto que Eva comió la fruta. Pero es curioso que cuando Dios sale a buscar al responsable, es a Adán a quien llama y no a la esposa. Evidentemente, el responsable en un final fue Adán. Leemos en el texto, "Mas Jehová Dios llamó al hombre, y le dijo: ¿Dónde estás tú?" (3:9).

Fíjese que al usar el nombre Jehová Dios, el escritor reafirma la autoridad que Satanás trató de socavar. Pero, también observe que Dios no dijo: "¿Adán? ¿Eva? ¿Dónde están ustedes?"

Aunque Eva pecó primero, la pregunta se dirigió a Adán porque él era el responsable. Adán tenía que rendir cuentas a Dios como representante asignado para cumplir Su agenda en el huerto. En lugar de cultivar y proteger, Adán fue el primer hombre que mostró el persistente problema que plaga a los hombres de hoy: el silencio. Hasta ese momento Adán había estado hablando sin parar. Le había estado dando nombres a las aves, a los animales, a los peces. Pero cuando apareció la serpiente, Adán no supo qué decir.

Ahora sé lo que usted está pensando: *¡Él no estaba presente! ¿Qué debía hacer? ¿Vigilar a su esposa día y noche?*

¿Está seguro de eso

Vuelva a leer Génesis 3:6. ¿Dónde estaba Adán cuando Eva enfrentó la tentación?

Y vio la mujer que el árbol era bueno para comer, y que era agradable a los ojos, y árbol codiciable para alcanzar la sabiduría; y tomó de su fruto, y comió; y dio también a su marido, el cual comió así como ella.

¿Le hace esto cambiar de opinión sobre quién fue responsable del primer pecado? ¿Cómo?

A pesar de las lustraciones que pueda haber visto en las Biblias para niños, Eva no estaba sola y vulnerable en aquel momento. Su esposo estaba allí a su lado. Durante todo ese tiempo que la serpiente estuvo presentando sus argumentos Adán permaneció allí, en silencio. Aunque Eva se volvió a él y en efecto lo depuso como líder del hogar, Adán no dijo ni una palabra. Solo comió.

La enfermedad del silencio todavía aflige a los hombres de hoy. ¿Quién habla sobre la disciplina de los hijos en el hogar? Las mujeres. ¿Quiénes son los miembros activos que trabajan en el liderazgo de la iglesia? Las mujeres. ¿Quiénes están dispuestas a luchar contra la inmoralidad en sus familias? Las mujeres. Hay excepciones, pero muchos hombres se comportan como Adán. Cuando es hora de tomar una posición firme, simplemente no tienen nada que decir.

¿Se siente tentado a permanecer en silencio cuando surgen cuestiones críticas? ¿Por qué o por qué no?

¿Qué dice el silencio de un hombre con respecto al papel que le toca desempeñar en el mundo?

Primero, Adán guardó silencio. Luego se escondió. En ambos casos Adán rehusó aceptar la identidad que Dios le dio para que fuera un buen administrador. Al abdicar su autoridad se convirtió en un seguidor en vez de un líder. Y cuando al fin la responsabilidad llegó a sus manos, le pasó la culpa a su compañera.

Lea la respuesta de Adán a la pregunta de Dios en Génesis 3:12.

La mujer que me diste por compañera me dio del árbol, y yo comí.

¿Cuáles son otras formas en las que los hombres tratan de pasar la culpa a otros?

El problema que impide a muchos hombres en nuestra sociedad ser hombres del Reino es que han dejado a un lado el derecho que Dios les dio para gobernar, ya sea mediante el silencio o pasándole la culpa a otro/a. En lugar de aceptar con gozo el hecho que son hombres y responsables por naturaleza, huyen de la responsabilidad. Y parece que siempre encuentran una excusa para no confrontar lo que quiere decir ser un hombre. Como resultado, desdeñan su oportunidad de aceptar la vida cristiana como un reto para conquistar y gobernar bien.

El problema que impide a muchos hombres en nuestra sociedad ser hombres del Reino es que han desechado el derecho que Dios les dio para gobernar.

Pídale a Dios que le muestre los aspectos de su vida donde no es responsable. Anótelas aquí.

Mi amigo, ¿puedo confiarle una verdad? Usted es un hombre, y como hombre, es responsable. Tiene que comprometerse a gobernar, bajo la autoridad de Dios, para bendición y beneficio de todos los que están bajo su influencia. Para eso fue creado. Es hora que reclame su destino.

Confiese los aspectos de su vida donde identificó no haber sido responsable. Pida perdón a Dios y pídale que le dé valor y sabiduría para gobernar responsablemente bajo Su mando.

Día 5

Reclame su hombría

El camino hacia un mundo mejor comienza con un hombre del Reino. Sé lo que está pensando: El mundo es un lugar muy grande. Cierto. Pero considere la influencia potencial de un solo hombre del Reino. Un hombre del Reino tiene poder para cambiar su hogar, lo cual cambia a su familia. La familia puede iniciar un cambio en la iglesia, que a su vez podrá cambiar la comunidad entera. Esa comunidad puede influenciar al estado, que podrá impactar a la nación. Toda esta transformación puede comenzar con un solo hombre alineado por completo bajo el gobierno de Jesucristo.

Marque los principales obstáculos que le impiden someterse al gobierno de Cristo.

☐ Hábitos personales   ☐ Influencia limitada
☐ Luchas familiares   ☐ Retos financieros
☐ Relaciones difíciles   ☐ Inmadurez espiritual
☐ Falta de educación   ☐ Prioridades mal asignadas
☐ Otro:

Ahora piense cómo puede Dios responder a cada obstáculo identificado. Escriba una frase que exprese lo que cree que Él le diría:

Tal vez usted crea que su esposa nunca seguirá su liderazgo. O que sus hijos nunca respetarán su autoridad. O que usted no tiene suficiente influencia en la comunidad para producir una real diferencia. Me imagino que los israelitas deben haber tenido objeciones luego de oír lo que Dios les ordenaba hacer.

Lea Éxodo 34:23-24.

Tres veces en el año se presentará todo varón tuyo delante de Jehová el Señor, Dios de Israel. Porque yo arrojaré a las naciones de tu presencia, y ensancharé tu territorio; y ninguno codiciará tu tierra, cuando subas para presentarte delante de Jehová tu Dios tres veces en el año.

¿Qué objeciones prácticas plantearían estos hombres cuando Dios les dijo que debían dejar sus trabajos, sus hogares y familias tres veces en el año?

Éxodo 34 recuenta las obligaciones de los Israelitas en su pacto con Dios. El capítulo está lleno de mandamientos sobre cómo operar dentro de la tierra que Dios le iba a dar a su pueblo, describiendo el modo cíclico en que se conducirían sus vidas. Dios instituyó tiempos anuales específicos correspondientes a la siega para que el pueblo celebrara su herencia y recordara las grandes hazañas de Dios en el pasado.

Al celebrar estos festivales, el pueblo no solo recordaría el pasado sino que también sentirían ánimo para el futuro. Estas actividades regulares servirían como recordatorios del poder y la fidelidad de Dios en el pasado, el presente y el futuro.

Si yo hubiese sido un campesino que dependiera de la tierra en los tiempos en que los poderes extranjeros amenazaban con invadir y saquear, es probable que tuviera dudas acerca de dejar a mi familia y mi hogar para asistir a una actividad tres veces al año. Podría fácilmente haber justificado el no asistir a las fiestas. Habría dicho: "Necesito ocuparme de las cosas en casa. Tengo que proteger a mi familia. Tengo que asegurar que todo funcione adecuadamente". Hasta hubiera argumentado que si Dios me pedía que me ausentara de casa, me estaba pidiendo hacer algo contrario a lo que significa ser un hombre del Reino.

¿Cómo contesta Éxodo 34:24 objeciones como esas?

Arrojaré a las naciones de tu presencia, y ensancharé tu territorio; y ninguno codiciará tu tierra, cuando subas para presentarte delante de Jehová tu Dios tres veces en el año.

¿Por qué el asistir a esas reuniones requería fe de parte de los hombres de Israel?

Dios les estaba diciendo a los hombres de Israel, "Yo te respaldo: ¿Te preocupa tu salario? Cálmate. Te tengo respaldado. ¿Te preocupa la familia? Los estoy cuidando. ¿Te preocupa el futuro? Yo te respaldo en todo". Cuando un hombre se compromete a vivir bajo el gobierno de Jesucristo, puede estar seguro que Dios se encargará del resto.

Cuando un hombre se compromete a vivir bajo el gobierno de Jesucristo, puede estar seguro que Dios se encargará del resto.

Si con toda seriedad usted desea ser un hombre del Reino, todo tipo de obstáculos se pondrán en su camino. Algunos pueden ser de naturaleza práctica. Es posible que tenga que hacer decisiones difíciles en cuanto a las finanzas, el tiempo y el trabajo. Otros pueden ser de naturaleza espiritual. Es posible que se presenten cuestiones sobre algunos hábitos personales, sus metas en la vida y su manera de entender la fe.

Ser un hombre del Reino es difícil por ese lado. Pero Dios lo va a respaldar. ¿Realmente le parece que alguno de esos obstáculos puede intimidar a Dios? Si Él puede encargarse de los ejércitos invasores, estoy seguro que se puede encargar de usted. La única incógnita es estar realmente listo para tomar las riendas de su porvenir y convertirse en el hombre para lo cual fue creado.

Preséntele a Dios los mayores obstáculos que le impiden convertirse en un hombre del Reino. Sométase a su autoridad y profese su confianza en que Él alineará el resto de su mundo bajo Su señorío. Pídale que le muestre los primeros pasos que debe dar para convertirse en un hombre del Reino.

1. Fathers Unite, Fatherless Homes Now Proven Beyond Doubt Harmful to Children [Hogares sin padres: prueba, sin duda alguna, que daña a los niños], citado el 1 de diciembre de 2011. Disponible en Internet: *www.fathersunite.org/ statistics_on_fatherlessnes.html.*

2. Ibid.

3. Whitaker, Bill, High-School Dropouts Costly for American Economy, [El abandono de los estudios secundarios cuesta a la economía norteamericana] 28 de mayo de 2010, citado el 1de diciembre de 2011. Disponible en la Internet: *www.cbsnews.com/stories/2010/05/28/eveningnews/main6528227.shtml#ixzz1PNhtcbfg.*

4. Rouse, C., Labor Market Consequences of an inadequate Education, [Consecuencias de una educación inadecuada en el mercado laboral] (papel que se presentó en el simposio acerca de los costos sociales de la educación inadecuada, Teachers College, Columbia University, New York, NY, 24 de octubre de 2005.

5. Campaña nacional para evitar el embarazo no planeado y de las adolescentes, Counting It Up: The Public Costs of Teen Childbearing [Sumarlo todo: El precio público de la natalidad entre las adolescentes], citado el 1 de diciembre de 2011. Disponible en Internet: *www.thenationalcampaign.org/costs/.*

6. Pew Center on the States, One in 31: The Long Reach of American Corrections [Uno de cada 31: El largo alcance del sistema penal norteamericano], Informe para el proyecto de desempeño de la Sociedad Pública, Washington, D.C., Marzo de 2009.

7. Pew Center, "One in 31."

Su destino es la
grandeza

Nada puede compararse con el ambiente electrizante y saturado de olor a sudor que penetra el aire durante el combate cara a cara y mano a mano de hombres gigantescos que solo buscan anotar una canasta. Soy el capellán con más años de servicio en cualquiera de los equipos de la NBA, y luego de haber prestado servicio a los Dallas Mavericks durante más de tres décadas, he podido familiarizarme profundamente con la sensación, el olor y el sabor de esa atmósfera.

Me encanta. Es más, cuando estoy allí me siento sumergido en esta y no quisiera irme jamás. Decir que reina el apasionamiento no es una exageración. Es como un delirio, una urgencia por alcanzar la grandeza.

Mientras que las mujeres sueñan con las relaciones, los hombres sueñan con la grandeza. Ellas añoran abrazos, ellos visualizan conquistas. Como hombres, queremos ser algo. Tenemos hambre de importancia, influencia e impacto. Este deseo de grandeza se muestra en los deportes que practicamos, en los parajes remotos adonde vamos y en las películas que preferimos.

¿Te puedo decir un secreto? Todo eso está bien. Porque nuestro destino es la grandeza.

Grandeza es la razón para la cual fuiste creado.

SEGUNDA SEMANA
Compartiendo en el grupo

Comience

1. Comente algún nuevo concepto que haya aprendido mientras completaba la primera semana.

2. ¿Fue alguna de las estadísticas acerca de la falta de influencia masculina positiva particularmente alarmante o motivadora para usted? ¿Cuál/es? ¿Por qué?

3. Considere las tácticas de Satanás en Génesis 3. ¿Se ha sentido alguna vez tentado a vivir como si Dios no fuera el Señor? ¿De qué manera?

4. Describa a un hombre del Reino con quien haya tenido trato. ¿Qué lo hace especial?

¿Qué cree usted?

1. Piense en los hombres del Reino que ha conocido durante su vida y describa cómo han mostrado su responsabilidad de proveer y proteger.

2. Describa cómo otros hombres que ha conocido han fallado en aceptar esa responsabilidad.

3. ¿Cuál es la diferencia entre grandeza en el Reino de Dios y grandeza en el mundo?

4. ¿Qué, específicamente, le impide crecer hacia el destino que Dios preparó para usted?

5. ¿Qué puede hacer diariamente para recordar su destino como hombre?

Termine con una oración.

Salga a la calle

Versículo para memorizar

Mas entre vosotros no será así, sino que el que quiera hacerse grande entre vosotros será vuestro servidor, y el que quiera ser el primero entre vosotros será vuestro siervo. Mateo 20:26-27

➤ Esta semana busque grandeza en su iglesia, aceptando un cargo voluntario para algo que nadie quiera hacer.

➤ Escriba una nota de ánimo a su pastor, agradeciéndole su servicio.

Lea la Semana 2 y complete todas las actividades diarias antes de la próxima reunión del grupo.

Día 1

¿Por qué nació?

Deje de hacer lo que esté haciendo y busque un espejo. ¿Ya lo tiene? Ahora dígame: ¿qué ve? Quizá su pelo ya no esté tan espeso como en otros tiempos. Quizá su cintura esté un poco más ancha y redonda de como era antes. ¿Cree que los años están comenzando a manifestarse?

Ahora hágame otro favor. Mire de nuevo, pero esta vez mire más profundamente. ¿Ya lo ve? Ahí está. Déjeme decirle lo que está mirando:

Grandeza.

> **Lea Salmos 8. ¿Cuáles tres palabras usaría para caracterizar el tono de este Salmo?**
>
> 1.
>
> 2.
>
> 3.
>
> **¿Qué condiciones del hombre motivan a David a alabar a Dios?**

Como hombre, ¿cree parecerse a la descripción que leyó en el Salmo 8? ¿Por qué o por qué no?

Si siente que hay tensión entre estas palabras y lo que ve en el espejo, usted no es el único que lo siente. El Salmo 8 deja ver que David también sintió esa misma tensión. En los versículos 3 y 4 él vuelve su mirada a lo alto y se enfoca en la vasta extensión del universo. Estrellas, planetas, constelaciones: Dios las hizo todas para mostrar la magnificencia de Su gloria. Pero para David, la grandeza de la creación solo sirvió para ensalzar la grandeza que Dios le dio a cada hombre.

Lea Salmos 8:4-8, usando diferentes versiones de la Biblia. ¿Cómo difieren las diferentes traducciones en el versículo 5?

¿Qué significado tiene para usted saber que Dios le hizo "un poco menor que Dios?

Comparado con el resto de la creación, el hombre es increíblemente diminuto. Es microscópico. Una mota de polvo. Pero la pequeñez del hombre sirve para ensalzar la grandeza de Dios. David continuó diciendo que Dios escogió esta mota de polvo para gobernar Sus obras majestuosas. El hombre con toda la creación a sus pies.

¿Quién sino un Dios grandioso pudo hacer algo semejante? ¿Quién otro podría ser tan poderoso y glorioso como para dar a alguien tan insignificante la tarea de administrar el mundo entero? En otras palabras, la gloria y la majestad que Dios le confirió al hombre solo sirven para otorgar aun más gloria y majestad a Dios. Después de todo, solo hay que considerar lo mucho que Dios hace con tan poco.

¿Por qué es importante que se dé gloria y honor a cada hombre?

Dios ha puesto una corona sobre la cabeza del hombre, calificándolo así de majestuoso. Usted es majestuoso. Es parte de la realeza. Es alucinante. No importa cuán atlético o cuán fuerte sea, o qué trabajo desempeñe o cuántos otros le miren como un modelo. Nada de eso le ha ganado su posición en la creación de Dios. Él le confirió ese honor. Él le creó para ser un hombre del Reino. Está en su ADN.

¿Cómo responde al hecho de que Dios le haya concedido el honor de ser un hombre del Reino? Marque las respuestas con las que esté de acuerdo:

☐ Es maravilloso pensar que Dios me valore tanto.

☐ Dudo que se refiera a mí, ya que no tengo habilidades que Dios pueda usar.

☐ Me siento agradecido de que Dios me use para gobernar en Su Reino

☐ Siento gratitud porque el ser un hombre del Reino depende de la gracia de Dios y no de mis habilidades.

☐ Otro:

Cuando usted se convierte en un hombre del Reino no se transforma en algo diferente; simplemente incorpora todo aquello para lo cual Dios le creó. Encuentra el propósito de su vida.

El Enemigo no quiere que usted sepa eso. No quiere que sepa que Dios le ha dado gloria, honor y dominio sobre la tierra. No, él prefiere que usted piense que es un don nadie, que no importa, que no tiene voz ni influencia. Así él puede detener el avance del Reino de Dios porque aquellos a quienes se les ha dado autoridad legítima para avanzar el Reino permanecen estancados, pensando que no tienen importancia ni autoridad. En algún momento usted perdió de vista el poderío que tiene su destino y autoridad. Tal vez por culpa de decisiones equivocadas o por negligencia se le ha olvidado lo que significa ser hombre. Pero nunca es tarde para despertar.

Use el Salmo 8 como guía para sus oraciones. Alabe el nombre del Señor por Su creación y por haberle creado para gobernar en Su Reino. Ruéguele que a través de este estudio despierte en usted la identidad verdadera que tiene como hombre del Reino.

Día 2

El dominio del hombre

Cuando Dios creó al hombre a Su imagen, delegó en él la responsabilidad de cuidar y manejar Su creación. De hecho, el mandato que Dios le dio al hombre cuando lo creó a Su imagen fue, que "señoree" (Génesis 1:26). Con este mandato Dios le asignó al hombre la administración de lo que Él había creado.

Lea Salmos 24:1.

De Jehová es la tierra y su plenitud;
el mundo, y los que en él habitan.

¿Cómo se relaciona el gobierno de Dios sobre la tierra y su plenitud con el mandato divino para que el hombre la gobierne?

Aunque Dios no le traspasó al hombre la propiedad de la tierra, sí le dio algún control directo para que administrara las cuestiones de la historia. Dios estableció un proceso, con ciertos límites, mediante el cual le permitió al hombre tomar decisiones. Dios respeta esas decisiones aunque no estén de acuerdo a los intereses de Su Reino o de lo que se esté administrando.

Esta ilustración le dará una idea. Puede que el banco sea el dueño de la casa en la que vive. Usted tienen la responsabilidad de pagar la hipoteca mensual de la casa, así como también ocuparse de su mantenimiento. Aunque el banco no se involucra en las rutinas normales de mantenimiento de su casa, no ha renunciado a la propiedad porque usted viva allí y se ocupe de ella mientras cumpla con los pagos. Pero si no hace los pagos, perderá la casa.

En esencia, Dios le dio al hombre una autoridad relativa dentro de su esfera de influencia o dominio, donde Él ha colocado a cada hombre.

¿Cómo cree que se sienten la mayoría de los hombres con respecto al privilegio de gobernar?

¿Cómo lo sabe?

¿Con cuánta frecuencia medita en el dominio que Dios le ha dado para administrar y dirigir?

☐ Nunca ☐ A veces ☐ A diario

Describa un momento en el que sintió el peso de su responsabilidad para gobernar.

Génesis 2 nos revela la autoridad del hombre para gobernar. Dios le concedió a Adán dominio y autoridad sobre todo lugar por donde anduviera. Le dio la responsabilidad y el privilegio de cuidar, cultivar y proteger el huerto. Hasta le dio la tarea de poner nombre a los animales. Considere las profundas implicaciones de eso. Hasta aquel momento, nada tenía nombre. Pero una vez que Adán se los puso, así se quedaron.

Dios respetó el dominio que le concedió a Adán. Pero el dominio concedido al hombre puede tener efectos tanto negativos como positivos. Aunque Dios le permite ejercer cierta autoridad, espera que usted lo haga con sumisión a Su autoridad y con obediencia a Sus mandamientos. Pero lo deja en libertad para escoger. Las decisiones de usted afectan directamente la calidad de vida dentro de la esfera de su dominio. Dios no impidió que Adán comiera la fruta y, como consecuencia, aquella decisión afectó a todo su dominio.

Las decisiones de usted afectan directamente la calidad
de vida dentro de la esfera de su dominio.

Lea Génesis 3:16-19. Enumere las formas en las que el dominio de Adán se afectó por causa de su desobediencia al mandato de Dios.

Ahora lea Romanos 8:19-22. ¿Qué otros efectos hubo en el dominio de Adán por haber él escogido pecar?

Considere con qué rapidez cambió el dominio de Adán. Lo que había sido un gozo ahora era frustración. Lo que había sido libertad ahora era trabajo forzado. Donde reinaba la paz ahora reinaba el caos. Todo se afectó: su esposa, su labor diaria, los animales. Adán había recibido un gran dominio para administrar. Cuando falló, todo su dominio se viró patas arriba. Esto es lo mismo que sucede hoy cuando los hombres fracasan en su deber de administrar sabiamente los dominios que se les han asignado.

¿Qué resultados ve a su alrededor cuando los hombres no dirigen?

Al observar el mundo de hoy, vemos a muchos hombres (quizás la mayor parte) doblegándose bajo el peso de la responsabilidad. Algo dentro de nosotros nos dice que fuimos hechos para dirigir, para ejercer autoridad y dominio. Sin embargo, cuando confrontamos esa presión, sentimos la tentación de huir. Esto lo vemos en el rostro de cada niño que crece en un hogar con el padre ausente y en la faz de cada madre soltera que con desesperación trata de mantener a la familia a flote.

Considere la esfera de influencia que Dios le ha dado. ¿Cómo está llevando fielmente a cabo sus responsabilidades?

¿En qué aspectos le parece que está fracasando como líder?

Aunque Dios es el Rey absoluto y soberano, Él le ha asignado un campo para que lo gobierne en Su nombre, bajo Sus reglamentos y en Su imagen como un hombre del Reino. A usted se le ha asignado una tarea y es una labor inmensa: administrar la esfera de influencia donde Dios lo ha colocado para el avance de la agenda del Reino.

Como hombre, tiene un encargo que cumplir y un dominio que gobernar. Tiene un campo específico en el que Dios le ha puesto para ejercer control. La cuestión es si está dispuesto a tomarlo y usar la autoridad que Dios le ha dado en la forma que Él quiere.

Medite en oración acerca de la esfera de influencia que Dios le ha dado. Ore por las personas en su dominio: su familia, amistades, compañeros de trabajo o empleados. Rinda a Dios las esferas en que ha fracasado en su intento de ejercer dominio. Dígale a Él que usted desea aceptar la responsabilidad que le ha dado para gobernar en Su Reino.

Día 3

Redefina la grandeza

Usted fue creado para alcanzar la grandeza, Dios le otorgó el gobierno, la administración y el dominio sobre una esfera de influencia. Si vamos a gobernar bien, tenemos que considerar un par de cuestiones. La primera viene en forma de pregunta: ¿No es orgullo pensar en uno mismo en términos de grandeza? ¿No es verdad que Dios se opone al orgullo?

Esto es algo importante y es una pregunta válida. La verdad es que eso de mirarse en el espejo y ver una imagen de grandeza no parece ser muy espiritual. ¿Es que realmente puede ser la grandeza lo que Dios desea para los hombres en este mundo?

> Lea Mateo 20:20-28. Según este pasaje, ¿qué le pidió a Jesús la madre de Santiago y Juan?

> Escriba con sus propias palabras cómo respondió Jesús a su pedido.

Esta era una madre llena de orgullo y ambición. Fue a Jesús porque en su corazón sabía que sus muchachos eran los mejores del grupo. En su mente era perfectamente lógico que entre los doce, sus hijos fuesen el número dos y el número tres. Pero Jesús tuvo que reeducarla con respecto a la manera en que en el Reino se definen la verdadera grandeza y la autoridad. Es interesante que al principio Jesús no le diera una respuesta muy espiritual. Regrese a Mateo 20. ¿La reprimió Jesús por querer ella que sus hijos fueran grandiosos? ¿Criticó Jesús a Santiago y Juan por querer ser prominentes? Mire bien, porque es difícil ver algo que no está ahí. Así es. En ninguno de estos versículos se escucha a Jesús mencionar que la madre o sus hijos estuvieran equivocados al querer la grandeza.

Si la petición de grandeza no era incorrecta, ¿qué había de malo en el pedido?

Lea las promesas de Dios a Abraham y a David.

Y haré de ti una nación grande, y te bendeciré, y engrandeceré tu nombre, y serás bendición.
Génesis 12:2

He estado contigo en todo cuanto has andado, y delante de ti he destruido a todos tus enemigos, y te he dado nombre grande, como el nombre de los grandes que hay en la tierra.
2 Samuel 7:9

Subraye el elemento común en ambas promesas.

Dios no está opuesto a la grandeza. Es más, lo contrario es lo cierto: Dios está a favor de la grandeza. Pero, al igual que Santiago, Juan y la madre de ellos, todavía hoy los hombres tienen dificultad para comprender lo que significa la grandeza.

¿Cómo cree usted que el mundo define la grandeza?

¿Cuáles de las siguientes cualidades son las que usted tiende a asociar con la grandeza?

☐ Poder   ☐ Educación
☐ Riqueza   ☐ Posesiones
☐ Posición   ☐ Talentos y habilidades

Generalmente pensamos en la grandeza en términos de poder, riqueza y prestigio. Es fácil reconocer la grandeza porque viaja en un auto nuevo y brillante o porque su oficina se encuentra en el piso más alto del edificio. La grandeza tiene abundantes fondos en su cuenta bancaria y posee el mejor asiento en el estadio de los deportes. Pero en el Reino de Dios, la definición de grandeza se vira al revés.

Lea Mateo 5:3-12. ¿En qué es similar el mensaje de las Bienaventuranzas a la enseñanza de Jesús sobre la grandeza en Mateo 20?

En el Sermón del Monte, Jesús usó ideas populares sobre lo que significa una bendición y las viró al revés. "¿Crees que ser rico es una bendición? Te equivocas. Benditos son los pobres. ¿Y crees que es una bendición tener el estómago lleno? No. Benditos son los que tienen hambre y sed. Cuando todo va bien y todo el mundo desea ser tu amigo, eso quiere decir que estás siendo bendecido, ¿verdad? Pues no. Benditos son los que padecen persecución".

¿Lo ve? En el Reino de Dios existe un sistema de valores completamente diferente. De manera similar, la grandeza en el Reino de Dios no se define como se define la grandeza en el mundo. La verdadera grandeza no se mide por el número de empleados que usted supervisa ni por el tamaño de su cuenta bancaria.

La grandeza en el Reino de Dios no se define como
se define la grandeza en el mundo.

La grandeza en el Reino de Jesús se mide por el servicio. Dios no le dio dominio para que usted se enseñorease de las personas bajo su cuidado. Le asignó esa posición para que sirva a las personas que están en su esfera de influencia, guiándolas para que se relacionen con Dios y se unan a los propósitos de Su Reino. Los más grandiosos entre nosotros son los que están más dispuestos a servir.

Pida a Dios que le muestre la manera específica en la que usted pueda servir a aquellos que Él le ha encomendado. Haga una lista de cosas prácticas en las que pueda servir.

Día 4

Ejercite la grandeza

La grandeza en el Reino de Dios es muy diferente a la grandeza del mundo. Para un hombre del Reino no es cuestión de cuán alto es el nivel que haya alcanzado, sino a cuántas personas puede servir. Esta es la enseñanza central de Jesús en Mateo 20.

Vuelva a leer Mateo 20:25-28. ¿De qué manera ha visto a hombres dominando a otros hombres?

¿Ha sentido alguna vez la tentación de dominar a otros? Si es así, ¿en qué esfera de influencia sucedió?

Esto nos lleva a otro asunto que necesitamos considerar para gobernar bien. Cada vez que a una persona se le dan muchas responsabilidades para cuidar de otros, surge la tentación de ejercer la autoridad para beneficio propio y no para el beneficio de los que le rodean. Hay hombres a quienes se les ha dado autoridad, que deben gobernar, y cuando descubren su destino de grandeza, ven esta posición como un permiso para que otros le sirvan.

Según Jesús, nada podría estar más lejos de la verdad. En el Reino de Dios, donde existe un sistema de valores radicalmente diferente al que tiene el resto del mundo, la grandeza se mide con el servicio.

¿Comienza a ver el cuadro? El hombre del Reino ejerce la grandeza en el Reino desde una posición de servicio. Cuando usted se ocupa de alguna faena casera, cuando se levanta a medianoche para atender a un hijo enfermo, cuando ofrece un servicio voluntario para ejecutar alguna de las tareas menos agradables en el trabajo o en la iglesia, está ejerciendo el camino hacia la grandeza para el hombre del Reino.

> *El hombre del Reino ejerce grandeza en el Reino desde una posición de servicio.*

En el mundo, los hombres grandiosos hacen que otros se ocupen de las tareas penosas y humildes. Pero, ¡grandes son en el Reino de Dios los que limpian inodoros! Jesús, que siempre modeló sus enseñanzas, nos mostró lo que es la verdadera grandeza.

> **Lea Juan 13:1-5, 12-17. ¿Cuál hubiese sido su reacción de haber estado en aquel salón, aquella noche?**

> **¿Cómo se relaciona la conducta de Jesús en Juan 13 con Sus enseñanzas en Mateo 20?**

En una época de la historia en que la gente andaba casi siempre a pie por caminos polvorientos, por senderos sucios, es difícil imaginar una muestra de servidumbre más evidente que la de lavar los pies. Aquí vemos al Hijo de Dios rebajándose a lo sumo, limpiando fango y suciedades de los pies de sus seguidores.

Entonces llega el remate: "El siervo no es mayor que su señor, ni el enviado es mayor que el que le envió" (Juan 13:16). Si Jesús, el Hijo de Dios, no está por encima de lavar pies, tampoco lo está usted. Un hombre del Reino sabe esto.

Pero aun más, al hombre del Reino le encanta esto. Él sabe que la manera de llegar a la grandeza es con una palangana y un trapo. Está en el polvo y en la mugre del servicio. Está en el suelo, haciendo lo que nadie quiere hacer, aunque es necesario que alguien lo haga. Los hombres que saltan cuando se presenta la oportunidad de seguir el ejemplo de Jesús son los grandes en el Reino.

¿Cómo está usted sirviendo a otros en las esferas siguientes?

Matrimonio:

Crianza de hijos:

Trabajo:

Iglesia:

Jesús no solo lavó pies. Aunque era Dios, Él…

...no estimó el ser igual a Dios como cosa a que aferrarse,
sino que se despojó a sí mismo, tomando forma de siervo,
hecho semejante a los hombres; y estando en la condición
de hombre, se humilló a sí mismo, haciéndose obediente
hasta la muerte, y muerte de cruz. Filipenses 2:6-8

¿Y usted qué? ¿Es muy importante como para lavar los pies? ¿Está eso por debajo de su dignidad? Espero que no porque si es así, puede que sea un hombre, pero está muy lejos de ser un hombre del Reino. Sea grande hoy. Sea grande postrándose.

¿Cuál es una manera práctica, que en la actualidad no está haciendo, en la que pudiera servir en las siguientes áreas?

Matrimonio:

Crianza de hijos:

Trabajo:

Iglesia:

Dé gracias a Dios por guiarle hacia la grandeza por medio del servicio. A medida que sirva a otros en su dominio de influencia, recuerde que Jesús sirvió con sacrificio hasta la muerte.

Día 5

Recupere su autoridad

Dios lo creó para que obtuviera grandeza y su intención es que la administre bien, bajo Su autoridad, en su esfera particular de influencia. Pero es posible que todavía usted esté mirando a su familia, a sus compañeros de trabajo, a su iglesia y a su comunidad y francamente no vea la grandeza. No lo respetan como cree que deben respetarle para poderlos gobernar. O quizá el concepto de autoridad le sea ajeno por completo.

No permita que sus ojos le hagan trucos. Mire más allá de lo que está a plena vista. Así verá que no necesita nada más de lo que Dios ya le ha dado. Al contrario, necesita recuperar el acceso a lo que Dios ya le autorizó hacer.

Lea Efesios 1:3.

Bendito sea el Dios y Padre de nuestro Señor Jesucristo, que nos bendijo con toda bendición espiritual en los lugares celestiales en Cristo.

¿Con cuáles bendiciones espirituales ya Dios bendijo a los creyentes?

Los hombres del Reino no tienen un problema de autoridad. No tenemos un problema de falta de bendiciones. Tenemos un problema de percepción. Ya tenemos toda la bendición espiritual a través de Jesucristo: perdón, redención, una posición en Su Reino, herencia eterna, sanidad, poder espiritual y mucho más. Por eso la oración de Pablo era "alumbrando los ojos de vuestro entendimiento, para que sepáis cuál es la esperanza a que él os ha llamado, y cuáles las riquezas de la gloria de su herencia en los santos" (Efesios 1:18). Pablo no oraba para que los efesios recibieran algo que les faltaba. Oraba para que sus ojos se abrieran a lo que Dios ya les había dado.

Dios no solo ha dicho que usted debe gobernar y guiar en su dominio, sino que le ha provisto todo lo necesario para que usted lo logre. Es una verdad que se expresa bien en 2 Corintios 9:8: "Y poderoso es Dios para hacer que abunde en vosotros toda gracia, a fin de que, teniendo siempre en todas las cosas todo lo suficiente, abundéis para toda buena obra".

En las Escrituras vemos que Dios usaba una forma original de declarar cosas que no eran aparentes. Cuando Abraham estaba viejo y sin hijos, Dios le dijo que sería padre de una gran nación (Génesis 12:1-2). Cuando los israelitas estaban a punto de entrar a la tierra prometida, Dios les dijo que ya se las había dado (Josué 1:3-5). Y cuando Dios envió a Moisés a enfrentarse con Faraón, ya le había concedido a Moisés toda la autoridad y el poder necesarios para realizar Su voluntad.

Lea Éxodo 7:1-2.

Jehová dijo a Moisés: Mira, yo te he constituido dios para Faraón, y tu hermano Aarón será tu profeta. Tú dirás todas las cosas que yo te mande, y Aarón tu hermano hablará a Faraón, para que deje ir de su tierra a los hijos de Israel.

¿En qué sentido cree usted que Moisés debía ser dios para Faraón?

Dios le dio a Moisés la tarea enorme de sacar a los israelitas de la esclavitud en Egipto. Dirigir al pueblo de Israel hacia la libertad estaba en el dominio de Moisés. Estaba en la esfera de influencia, era el huerto, donde Dios lo había puesto. Pero Dios no solo ordenó a Moisés que fuera. Primero le dio el poder necesario para realizar Su voluntad y propósito.

Al principio Moisés protestó con toda clase de objeciones acerca de la tarea. "¿Quién soy yo para que vaya a Faraón, y saque de Egipto a los hijos de Israel?" (Éxodo 3:11). "He aquí que ellos no me creerán, ni oirán mi voz; porque dirán: No te ha aparecido Jehová" (4:1). "¡Ay, Señor! Nunca he sido hombre de fácil palabra, ni antes, ni desde que tú hablas a tu siervo; porque soy tardo en el habla y torpe de lengua" (4:10).

Moisés pensó que tenía un problema de autoridad. ¿Quién soy yo para dirigir? ¿Quién soy yo para ejercer autoridad? ¿Quién soy yo para llevar a cabo este plan?

¿Qué clase de preguntas o dudas tiene usted con respecto a poder dirigir en el dominio donde Dios le colocó?

Es posible que usted tenga preguntas similares a las de Moisés: ¿Quién soy yo para dirigir a mi familia? He cometido tantos errores en mi pasado. ¿Quién soy yo para ejercer autoridad en la iglesia? No tengo suficientes conocimientos. ¿Quién soy yo para representar a Dios en mi trabajo? Nadie me escuchará.

Pero al igual que Moisés, no tenemos un problema de autoridad. Tenemos un problema de percepción. Dios le dijo a Moisés que lo iba a hacer "dios para Faraón" (Éxodo 7:1), aunque todo el mundo pensara que era Faraón quien estaba dirigiendo los sucesos. Pero Dios siempre triunfa y cuando Dios envía a un hombre al dominio que Él le ha asignado para gobernar, le da el poder para lograrlo. Dios no hizo dios a Moisés; hizo a Moisés "como un dios para Faraón", o sea que le dio autoridad, incluso sobre alguien que supuestamente tenía autoridad terrenal sobre Moisés.

Cuando Dios envía a un hombre al dominio que Él le ha asignado para gobernar, le da el poder para lograrlo.

Si Dios había provisto lo necesario para que Moisés lograra su cometido, ¿qué le quedaba a Moisés por hacer?

Este es el punto donde la fe entra en la ecuación. Pero la fe no se mide con la mente tanto como se mide con los pies. Moisés recibió toda la autoridad que necesitaba, pero tenía que estar dispuesto para regresar a Egipto y ejercer su autoridad.

A los hombres se les ha dado todo lo necesario para dirigir bien en su dominio. Si realmente usted cree que Dios le ha concedido todo lo necesario, es hora de dar un paso. Tiene que comenzar a hablar, caminar y vivir con autoridad. Cuando esté deseoso de hacerlo, estará mostrando que en verdad cree lo que Dios dice.

Fe es aceptar la responsabilidad. Significa ejercer la autoridad que Dios ya le ha concedido. Hoy es el día. Comience a dirigir.

Ore, usando Efesios 1:3 como guía. Dé gracias a Dios por los recursos que ya le ha dado en su Hijo Jesucristo. Ore, pidiendo fe y valor para comenzar a vivir con esa convicción.

Reclame su territorio

La iglesia que pastoreo tiene un sistema de luces con detector de movimiento que hace que automáticamente se apaguen si durante varios minutos no hay nadie presente en el salón. Si alguien camina cerca del detector de movimiento, las luces se vuelven a encender.

El sistema de luces con detector de movimiento ilustra en muchas formas cómo el hombre del Reino practica su derecho a gobernar. La compañía eléctrica suple la electricidad necesaria para dar energía a todas las luces de nuestros edificios, pero esa energía no aparece hasta que se detecta algún movimiento. Si no hay movimiento, no hay luz.

Dios ha provisto, de manera similar, que cada hombre tenga todo lo necesario para que pueda ejercer su autoridad. Pero al igual que con el sistema detector de movimiento, se requiere actividad para movilizar la energía que está disponible. Para el hombre del Reino la cuestión no es el poder o la autoridad. Es cuestión de movimiento.

Es hora de reclamar el territorio que Dios le asignó.

TERCERA SEMANA
Compartiendo en el grupo

1. Comente algún concepto que haya aprendido durante la segunda semana.

2. ¿Por qué quiere el enemigo que usted se olvide que Dios le creó con gloria, honor y dominio?

3. Describa el dominio que Dios le ha encomendado para guiar. ¿Cómo es que, como hombre del Reino, usted debe ejercer autoridad sobre su dominio?

4. ¿Cómo debe sentirse la familia de un hombre del Reino cuando él está ejerciendo debidamente su autoridad?

¿Qué cree usted?

1. ¿Qué clase de pasado necesita dejar atrás, bueno, malo o feo?

2. ¿Por qué cree que Dios responde más a la acción que a las palabras?

3. ¿Está luchando para concentrarse en Dios y no en las personas? ¿Qué personas en particular impiden que usted se centre en Dios?

4. ¿Qué hábitos necesita introducir en su vida para mantenerse atado a la Palabra de Dios?

5. ¿De qué modo específico pueden orar por usted los hombres del grupo?

Termine con una oración.

Salga a la calle

Versículo para memorizar

*Bendito sea el Dios y Padre de nuestro Señor Jesucristo,
que nos bendijo con toda bendición espiritual en
los lugares celestiales en Cristo. Efesios 1:3*

➤ Considere las experiencias de su pasado —buenas, malas o feas— que lo están frenando. Escríbalas en un papel y luego entierre el papel como símbolo de que las está dejando atrás.

➤ Para mantenerlo atado a la Palabra de Dios, consiga un plan de lecturas bíblicas diarias. Dedique tiempo en su agenda diaria para tener un tiempo de meditación privada.

Lea la Semana 3 y complete todas las actividades diarias antes de la próxima reunión del grupo.

Día 1

Posesiónese de la tierra

El libro de los Salmos revela la plenitud del gobierno delegado a la humanidad:

Los cielos son los cielos de Jehová; y ha dado la tierra
a los hijos de los hombres. Salmos 115:16

Fuimos creados para administrar, para bien o para mal, esta tercera roca que gira alrededor del sol y que se les dio a los hijos de los hombres. Pero dar algo no significa que se va a aceptar. Aunque Dios le haya dado todo lo necesario para realizar a plenitud su vida y la de aquellos en su esfera de influencia, Él no lo obliga a aceptarla. Él lo capacita, pero no lo fuerza. Cada hombre tiene que aceptar su propia responsabilidad y tomar la iniciativa.

Al mismo tiempo, la Palabra de Dios es clara al decirnos:

Aguarda a Jehová; esfuérzate, y aliéntese
tu corazón; sí, espera a Jehová.
Salmos 27:14

Aguardar al Señor no quiere decir sentarse y no hacer nada. Si espera que Jehová le dé una encomienda, no permanezca sentado en casa todo el día contemplando el teléfono. Si eso es todo lo que hace, esperará durante un largo tiempo. Eso es esperar pasivamente.

Dios quiere una espera activa. Usted le pide al Señor que le dé un trabajo y tiene fe en que, a Su tiempo, Él le proveerá el trabajo. Dado que usted tiene fe, se levanta, se viste, sale y busca lo que cree que Dios le ha provisto. Al estar activo en su espera, ejercita su fe. Cree tan firmemente que Dios hará lo que dijo que haría, que le compele a explorar activamente para encontrar el modo en que llegará Su provisión.

Lea las palabras de Jesús en Mateo 6:26.

Mirad las aves del cielo, que no siembran, ni siegan, ni recogen en graneros; y vuestro Padre celestial las alimenta. ¿No valéis vosotros mucho más que ellas?

¿Cómo muestran las aves lo que significa esperar activamente por la provisión de Dios?

Un ave no produce ni provee su alimento, pero tiene que hacer algo para recibir la comida que se le ha provisto. El pájaro no puede quedarse parado en una rama con el pico abierto, esperando que Dios le introduzca un gusano caído del cielo. Tiene que salir a buscar el gusano, el insecto o la semilla que Dios le proveyó.

Describa con sus palabras la diferencia entre una espera pasiva y una espera activa.

¿Qué espera usted de Dios?

¿Es su espera activa o pasiva?

Una cosa es admitir de manera intelectual que guiar con sabiduría su hogar, iglesia y comunidad es la voluntad de Dios. Pero otra cosa es creerlo con tanta intensidad que usted comience a caminar por el sendero de la voluntad divina como un hombre del Reino.

Si usted simplemente está esperando que su esposa, hijos, iglesia o amigos se sometan al señorío de Cristo, va a tener que esperar un largo rato. Será como un ave que se está muriendo de hambre y sigue parada en una rama, mirando al cielo y preguntándose cuándo caerán los gusanos. Esta fe no es una fe verdadera. Santiago 2:17 dice: "Así también la fe, si no tiene obras, es muerta en sí misma". Si realmente cree que el destino que Dios le ha asignado es ser un hombre del Reino, entonces, comience a comportarse como un hombre del Reino.

Puede lograrlo si toma las riendas de lo que Dios ya le ha dado. Un hombre del Reino da pasos hacia donde Dios le instruye que vaya, gobernando así el mundo y no dejando que todo el mundo y las circunstancias lo gobiernen a él. Sea un hombre de acción.

> *Un hombre del Reino da pasos hacia donde Dios le instruye que vaya, gobernando así el mundo y no dejando que todo el mundo y las circunstancias lo gobiernen a él.*

Lea Josué 1:1-9. ¿Qué frase le repite Dios a Josué una y otra vez?

¿Por qué cree que Dios escogió enfatizar esa frase?

¿Qué tipo de emociones pudo haber sentido Josué?

El primer capítulo de Josué narra un período crítico en la historia de Israel. En este pasaje la nación, después de cuarenta años vagando por el desierto, por fin llegó a los límites de la tierra prometida siglos antes a Abraham. Estaban en el precipicio de su destino listos para cruzar el río Jordán.

Imagine la sensación de expectativa dentro del campo israelita. La tierra que sus padres, abuelos y bisabuelos habían añorado estaba finalmente a la vista. Las tiendas de campaña no podían contener el entusiasmo de lo que se acercaba. Pero es posible que no todos estuvieran tan alegres.

Moisés sacó a su pueblo de Egipto y lo guió durante cuatro décadas a través el desierto. Pero ahora ya había fallecido y un joven sin mucha experiencia llamado Josué asumió el puesto de líder. Su primera tarea era guiar al pueblo hasta su destino para reclamar lo que Dios les había prometido. Estoy seguro que Josué estaría bien nervioso, especialmente porque sabía que la impenetrable y amurallada ciudad de Jericó los esperaba al otro lado del río. Tal vez sería por esto que una y otra vez Dios le recordó a Josué que se esforzara y fuese valiente.

¿Para qué tarea pudiera estar Dios recordándole hoy que se esfuerce y sea valiente?

¿Cuáles son los retos inmediatos que le esperan si decide ser un hombre del Reino?

Si tiene los mismos temores que Josué —que la tarea es muy grande para usted y la responsabilidad inmensa— entonces encontrará que Josué 1:3 es particularmente consolador, cuando Dios le dijo: "Yo os he entregado, como lo había dicho a Moisés, todo lugar que pisare la planta de vuestro pie".

Así es. La conclusión no está en duda. Ya Dios le ha dado el territorio. Ya le preparó el camino para que sea un hombre del Reino. Eso es lo que Él quiere para su vida. Su tarea es esforzarse, ser valiente y cruzar el río.

Dé gracias a Dios porque ya le aseguró la victoria en las batallas que enfrentará como hombre del Reino. Ore, pidiendo fortaleza y valor para tomar posesión de la tierra que Él le prometió.

Día 2

Deje atrás su pasado

Si quiere reclamar su territorio y tomar las riendas de su destino, la primera cosa que tiene que hacer es dejar atrás el pasado. Su pasado es como un espejo retrovisor. Es una pieza importante para conducir con prudencia su vehículo, pero se usa para dar un vistazo, no para fijar en él la vista. Si se pasa todo el tiempo mirando por el espejo retrovisor, nunca llegará a donde necesita llegar sin destrozarse.

Esa fue la primera lección que Josué tuvo que aprender antes de entrar a la tierra prometida.

Lea Josué 1:1-2.

Aconteció después de la muerte de Moisés siervo de Jehová, que Jehová habló a Josué hijo de Nun, servidor de Moisés, diciendo: "Mi siervo Moisés ha muerto; ahora, pues, levántate y pasa este Jordán, tú y todo este pueblo, a la tierra que yo les doy a los hijos de Israel".

¿Qué pasado tuvo que dejar atrás Josué?

¿Por qué es posible que fuera difícil para Josué dejar el pasado?

¡A quién no le hubiera quedado grande el saco! Josué debía asumir el liderazgo después de Moisés. Sí, aquel Moisés, el hombre que hizo descender las plagas en Egipto, el que dividió las aguas del Mar Rojo y habló con Dios cara-a-cara. Por si eso no fuera suficiente, considere el hecho que Moisés era el único líder que el campo israelita conocía. Sus padres habían seguido a Moisés para escapar de la esclavitud y, desde entonces, el pueblo había pasado cuarenta años acudiendo a él todos los días en busca de dirección y guía.

Es fácil comprender cómo aquel enorme encargo pudo intimidar a Josué. Él podría pasar el resto de su vida dudando ante cada decisión, siempre mirando por encima del hombro, concentrándose en el pasado. Por eso es que desde el primer momento Dios le recordó: "Mi siervo Moisés ha muerto" (v. 2).

¿Interpretación? "Josué, deja el pasado atrás y sigue adelante". Josué necesitaba que le recordaran que aunque Moisés había sido un gran hombre y un gran líder, no había llevado al pueblo a la tierra prometida. Moisés era el ayer, ya era hora que Josué se levantara y siguiera adelante.

Quizá usted no haya llegado a su destino porque todavía está atado a un Moisés. Para seguir adelante y entender lo que Dios le tiene preparado para el mañana, es importante que usted le diga adiós al ayer, sin considerar si fue bueno o malo.

> ¿Le es difícil dejar atrás su pasado? Si es así, marque los motivos que le conciernen.
>
> ☐ El pasado guarda éxitos que deseo atesorar.
>
> ☐ No puedo olvidar mis fracasos del pasado, me impiden seguir adelante.
>
> ☐ Me siento más cómodo pensando en mis logros del pasado.
>
> ☐ Dudo si debo seguir adelante porque temo fallar.
>
> ☐ Quedo atrás porque no quiero aceptar más responsabilidades.
>
> ☐ Otro:

Tal vez le sea difícil abandonar el pasado porque dejó un rastro de caos por donde quiera que estuvo. Quizá usted ha estado viviendo en su niñez en lugar de graduarse como adulto. O quizá ha eludido su autoridad y responsabilidad y como consecuencia su familia y amistades han sufrido. Puede ser que todavía esté sintiendo los efectos del pasado, como por ejemplo tener que ayudar a mantener hijos de un matrimonio roto o ver a sus hijos alejándose más y más de usted.

Todas estas razones hacen difícil, emocional y prácticamente, dejar el pasado y seguir adelante. Pero escuche estas palabras del Señor, al igual que las oyó Josué: "Moisés está muerto". Usted no puede cambiar el pasado, pero sí puede marchar hacia el futuro.

Usted no puede cambiar el pasado, pero sí puede marchar hacia el futuro.

¿De qué experiencia o decisión negativa se tiene que desprender para poder seguir adelante?

¿Qué lo mantiene atado a esa experiencia?

¿Qué puede hacer para dejarla atrás?

Por otro lado, es posible que hasta ahora usted haya sido un verdadero súper-hombre. Mirar atrás le da mucha satisfacción porque ha vivido una vida completamente sometida al señorío de Jesucristo. No obstante, las victorias de ayer no le ayudarán en las luchas de hoy. Los éxitos del ayer le pueden mantener paralizado en el pasado con tanta efectividad como los fracasos. Los éxitos lo pueden tentar a pensar que ya lo difícil terminó y, entonces, puede caer en un estado de orgullo por los logros obtenidos o en un estado de pereza con respecto a las tareas que quedan por hacer. También los éxitos del pasado tienen que quedarse atrás.

¿Cuáles son los éxitos del pasado a los que se aferra?

¿Qué peligro puede haber en estar pensando obsesivamente en los logros del ayer?

Pablo nos puso esto en perspectiva en Filipenses 3:13-14: "Hermanos, yo mismo no pretendo haberlo ya alcanzado; pero una cosa hago: olvidando ciertamente lo que queda atrás, y extendiéndome a lo que está delante, prosigo a la meta, al premio del supremo llamamiento de Dios en Cristo Jesús". Pablo sabía lo que era despojarse tanto de los éxitos como de los fracasos. Antes de su encuentro con Jesús en el camino a Damasco, Pablo cometió muchos errores. Como enemigo ardiente de la iglesia, persiguió y ejecutó a los cristianos. Uno no puede descender mucho más profundamente que eso.

Pero después de su conversión, Pablo viajó por todo el mundo conocido de aquel entonces propagando el evangelio. Puso sus logros académicos en buen uso, arguyendo a favor de la fe y escribiendo la mayor parte de lo que hoy conocemos como el Nuevo Testamento. Es curioso que ni sus grandes fracasos ni sus tremendos éxitos lo dejaron estancado. Sabía que ambos serían como lastres atados a sus pies. Por eso hizo el hábito de olvidar lo que quedó atrás.

En Filipenses 3:13-14 hay algo más que me fascina: el motivo por el cual Pablo pudo olvidarse de lo que quedó atrás fue lo concentrado que estaba en lo que tenía por delante. El propósito para el cual Dios lo llamaba empequeñeció todos los eventos del pasado. Como un corredor, haciendo un esfuerzo máximo en los últimos metros de la carrera para llegar primero a la meta, Pablo se concentró en el futuro que Dios tenía preparado para él.

> **¿Le ha revelado Dios una meta futura en el dominio que le asignó para gobernar? Si es así, describa la dirección en la cual Él lo está dirigiendo.**

Dios le está llamando a seguir adelante, a tomar posesión de la herencia, autoridad y dominio que le pertenece a usted. Pero si el pasado le está haciendo lastre, usted nunca llegará allí. Es hora de hacerle un sepelio al ayer.

Converse con Dios acerca de sus triunfos y fracasos del pasado. Sea específico en cuanto a lo que necesita dejar atrás. Pídale que le dé una visión tan maravillosa del mañana, que su ayer se desvanezca en comparación.

Día 3

Tome posesión de su herencia espiritual

Dios le dijo a Josué que olvidara el pasado. Moisés está muerto. Hazle un sepelio al ayer. Pero eso no es todo lo que le dijo. Si quieres reclamar el territorio que te fue dado y comenzar a vivir tu destino, le dijo Dios, también tienes que tomar posesión de tu herencia espiritual.

Lea el resto de las instrucciones dadas a Josué.

Mi siervo Moisés ha muerto; ahora, pues, levántate y pasa este Jordán, tú y todo este pueblo, a la tierra que yo les doy a los hijos de Israel. Yo os he entregado, como lo había dicho a Moisés, todo lugar que pisare la planta de vuestro pie. Desde el desierto y el Líbano hasta el gran río Éufrates, toda la tierra de los heteos hasta el gran mar donde se pone el sol, será vuestro territorio. Josué 1:2-4

¿Qué hay en este pasaje que le pudo haber inspirado confianza a Josué?

Dios le dijo a Josué que ya Él había delineado hasta dónde debían ir. Ya había determinado la extensión de la herencia. Le dijo a Josué que ya había separado el territorio que les pertenecía, desde el gran río Éufrates al este, hasta el Mar Mediterráneo al oeste.

Fíjese que Dios no dijo que les iba a conceder esa tierra a los hebreos. Ya estaba concedida. Dios usó el verbo en pasado para enfatizar que esta era la tierra de los hebreos. Era su dominio. Dios ya les había dado la tierra y sus habitantes, incluso, antes que Josué pusiera un pie sobre esta.

Lo que fue cierto para Josué y los israelitas también hoy es cierto para usted. Ya Dios le ha concedido todo lo que está destinado a tener. Pero al igual que Josué, usted tiene que poner su parte para hacer realidad lo que Dios le dio.

> **Lea de nuevo Josué 1:2-4. Aunque Dios le había dado el territorio, ¿qué tenía que hacer Josué?**

> **¿Qué tiene que hacer un hombre del Reino, aunque ya Dios le haya dado todo lo que está destinado a poseer?**

Para vivir una vida con la autoridad del Reino, Josué tuvo que ir y tomar posesión de lo que Dios ya le había dado. Tuvo que ponerse en acción. Si se hubiera quedado en el desierto y no hubiera cruzado el río Jordán, tanto él como el resto del pueblo israelita nunca hubiesen poseído lo que Dios les había dado.

Dios también tiene una herencia y un destino para usted. Un motivo por el que tal vez usted no lo haya recibido es porque sus pies no han marchado conforme a la fe. Dios le dijo a Josué: "Yo os he entregado […] todo lugar que pisare la planta de vuestro pie" (v. 3). En otras palabras, Dios lo entregó, pero Josué tenía que apoderarse de la herencia. Tenía que moverse.

La palabra hebrea que aquí se usa para decir "pisare" en "lo que pisare la planta de tus pies" es *darak*, que se significa aplastar. Es la misma palabra que se usa para describir la antigua forma de aplastar las uvas para obtener el jugo. Mucho antes de la invención de maquinarias sofisticadas que convierten las uvas en vino, las uvas se cosechaban y se ponían en grandes tanques donde se aplastaban con los pies. Literalmente se caminaba sobre las uvas para exprimir su jugo y así proceder a fermentarlo y convertirlo en vino. Pisar las uvas libraba lo que estaba encerrado dentro de ellas.

Cuando un hombre del Reino comienza a caminar hacia el destino que Dios le dio, no es porque esté tratando que Dios le dé algo. Simplemente está pisando sobre lo que Dios ya le dio para sacar el contenido. En eso consiste la verdadera fe. Tener fe significa creer tanto a Dios que uno actúa de acuerdo a lo que Él dice.

Tener fe significa creer tanto a Dios que uno actúa de acuerdo a lo que Él dice.

Un motivo por el cual muchos hombres no reconocen lo que Dios tiene preparado para ellos es porque no saben que esa provisión existe o porque no tienen la iniciativa de tomar posesión de ella. Ese es el proceso normal para recibir la provisión de Dios. Es verdad que a veces Dios nos deja caer algo en las manos sin tener que hacer nada. Pero la mayoría de las veces Él obra por medio del sencillo hecho de obedecerle en todo lo que ha dicho que usted haga. Entonces es cuando da la bendición que le había designado.

¿Quiere ser el guía en su matrimonio? Entonces, comience por fe a amar a su esposa con un amor que se sacrifica por ella, tal y como Cristo ama a la iglesia. ¿Desea que sus hijos le respeten, obedezcan y sigan su ejemplo? Entonces, comience por fe a comunicarles cariñosamente conceptos de dirección, ánimo y disciplina. ¿Quiere ver un aumento de su influencia en la comunidad? Entonces, comience por fe a tomar la iniciativa de emprender algún proyecto que beneficie a su comunidad.

Pablo le escribió a Timoteo: "Pelea la buena batalla de la fe, echa mano de la vida eterna, a la cual asimismo fuiste llamado, habiendo hecho la buena profesión delante de muchos testigos" (1 Timoteo 6:12). La palabra griega *epilambanomai*, que aquí se traduce "echa mano" significa literalmente "agarrar". Pablo le decía a Timoteo que se apoderara de todo lo que encerraba su salvación. Muchas veces parece que los hombres consideran la vida cristiana como algo pasivo en la cual deben existir. En cambio, tenemos que verla como una entrada oportuna para conquistar los retos de la vida.

Así que, levántese. Deje de quejarse. Deje de culpar a otros. Deje los temores. Póngase en pie y tome la iniciativa. Comience a caminar y vaya a buscar lo que Dios tiene para usted. El Reino de Dios necesita que los hombres se unan para juntos hacer que los propósitos del Reino progresen.

Identifique los aspectos de su vida en los que no se ha apoderado de lo que Dios proveyó.

☐ Matrimonio   ☐ Iglesia
☐ Crianza de los hijos   ☐ Testificar
☐ Profesión o empleo   ☐ Ministrar
☐ Comunidad
☐ Otro:

Marque cualquier motivo que le haya impedido apoderarse de lo que Dios ya le ha dado.

☐ Temor   ☐ Falta de conocimientos
☐ Malos hábitos   ☐ Falta de confianza
☐ Falta de disciplina   ☐ Comodidad
☐ Falta de fe   ☐ Diferentes prioridades
☐ Inseguridad acerca de sus dones y talentos
☐ Dudas acerca de lo que Dios quiere de usted
☐ Otro:

Ore acerca de los obstáculos que le impiden salir a caminar por fe donde Dios ya ha provisto algo para usted. Ruegue a Dios que le dé sabiduría, fortaleza y valor para comenzar a pisar la tierra que Él le dio.

Día 4

Céntrese en Dios, no en la gente

Dios sabía que una vez que Josué dejara el pasado atrás y entrara a la tierra prometida, confrontaría un gran número de enemigos cuyos propósitos eran detenerlo e impedir que llegara a su destino.

Lea Josué 1:5.

Nadie te podrá hacer frente en todos los días de tu vida; como estuve con Moisés, estaré contigo; no te dejaré, ni te desampararé.

¿Cómo cree que esta promesa cambió el modo en que Josué enfrentó las batallas?

Ayer vimos que primero Dios le dijo a Josué que se levantara. Ahora le dice que se prepare para la batalla. A los habitantes de la ciudad no les gustaba la probabilidad de una invasión de hebreos. Dios sabía la oposición que le esperaba a Josué, así que le dijo con anticipación que ninguna resistencia impediría que recibiera lo que Dios había prometido.

Tristemente, muchos de nosotros hemos dejado que otras personas nos impidan alcanzar la plenitud del propósito de Dios en nuestras vidas. Quizá fueran maliciosos, villanos o diabólicos. Quizá fue porque tenían más riquezas, más poder o más influencia que usted. Quizá se paralizara su andar por causa de algunos comentarios negativos y por las críticas que lo hicieron sentirse derrotado.

Si alguien lo amenazó o bloqueó el acceso al territorio que Dios le dio, piense que las personas, hasta los más poderosos, son solo personas. Y Dios, aún en su peor día, todavía es Dios. Con facilidad equivocamos la proporción de un obstáculo y concluimos que las personas son mucho más que personas. Pero una de las experiencias más grandiosas que usted puede experimentar es contemplar a Dios anulando a sus adversarios, incluso aquellos que usted creía que eran invencibles.

Dios le dijo a Josué que no importaba cuán alta fuera la estatura de los cananeos o cuán espeluznantes sus aullidos, nadie podría pararse frente a él e impedir su paso hacia lo que Dios le envió. Usted enfrenta dificultades cuando comienza a fijarse en la gente en lugar de fijarse en Dios. Si se centra en la gente, se sentirá intimidado y será fácil disuadirlo. Si se enfoca en Dios, experimentará una confianza y una paz sobrenatural a medida que camine para reclamar su tierra prometida.

Al igual que Josué enfrentó la oposición, no nos debe sorprender que nosotros también enfrentemos la oposición. De hecho, según la Biblia, casi siempre que Dios llamaba a alguien para encaminarse al destino que Él les tenía, esa persona encontraba oposición.

> Identifique algunos caracteres bíblicos que fueron obedientes a Dios, pero enfrentaron la oposición humana.

> ¿Le sorprende la oposición? ¿Por qué o por qué no?

> ¿Por qué cree que el pueblo de Dios enfrenta la oposición cuando lo sigue con obediencia?

Es inevitable que enfrentemos la oposición, tal y como les sucedió, antes que a usted, a Noé, Abraham, Moisés, David, Elías, Pedro, Pablo y hasta al mismo Jesús. Pero, ¿por qué sucede? Más específicamente, ¿por qué lo permite Dios?

Vuelva a pensar en Josué y en los israelitas. Dios tenía preparado un lugar de destino listo para que ellos lo ocuparan, pero no eliminó milagrosamente a los habitantes de la tierra. Si Dios deseaba que Su pueblo se apoderara de la tierra que fluye leche y miel, ¿por qué no extirpó al pueblo que vivía allí? El resto del libro de Josué muestra que Dios no lo hizo. Por el contrario, el pueblo tuvo que luchar batalla tras batalla para establecer su nación. La única conclusión que podemos sacar es que Dios no solo estaba interesado en llevar a Su pueblo a la tierra prometida. Él tenía otro motivo.

¿Por qué cree que Dios quería que los israelitas batallaran para conquistar la tierra prometida?

Si les hubieran dado a escoger, estoy seguro que los israelitas hubiesen preferido que la tierra estuviera vacía al marchar hacia ella. Igualmente, hoy a nadie le gusta encontrar oposición. Pero existe un valor inestimable en la oposición, al menos desde el punto de vista de Dios. A veces la oposición es la mejor maestra.

Cuando algo se interpone en su camino, algo muy grande como para poder lidiar con eso, es cuando usted tiene que aprender a depender de Dios. Entonces es cuando aprenderá la naturaleza de la verdadera humildad. Entonces es cuando aprenderá acerca de la verdadera provisión. Si nunca confrontara oposición, jamás experimentaría este crecimiento.

Cuando algo se interpone en su camino, algo muy grande como para poder lidiar con eso, es cuando usted tiene que aprender a depender de Dios.

Si en este momento está enfrentando la oposición en sus esfuerzos por convertirse en un hombre del Reino, ¿qué está aprendiendo acerca de la dependencia de Dios?

¿Qué está aprendiendo acerca de la humildad?

¿Qué está aprendiendo acerca de la provisión de Dios?

Mediante la oposición, Dios puede hacer realidad Su propósito para su vida. Dios lo ve como otra oportunidad para moldear al hombre que Él quiere que usted sea. Así que usted tiene dos posibilidades: puede enfocarse en las personas, la oposición, o puede enfocarse en Dios. Él prometió: "Nadie te podrá hacer frente en todos los días de tu vida; […] estaré contigo; no te dejaré, ni te desampararé" (Josué 1:5). Si usted se enfoca en Dios, no solo Él lo librará, sino que además, mediante esa experiencia, lo moldeará más y más como un hombre del Reino.

Ore acerca de la oposición que está enfrentando en su vida. Ore para que la provisión de Dios, Su poder y Su bondad se manifiesten de acuerdo a la forma en que usted responda a la oposición. Pida a Dios que le ayude a mantener su mirada fija en Él y que lo convierta en el hombre que Él quiere que usted sea a través de esa experiencia.

Día 5

Manténgase conectado a la Palabra de Dios

Moisés, el precursor de Josué, nunca fue considerado como un guerrero. Él era un profeta y un líder. ¿Pero Josué? Era diferente.

Lea algo sobre el origen de Josué en Números 14:6-9. Basado en este pasaje, ¿cómo usted describiría a Josué?

Los israelitas enviaron doce espías a la tierra de Canaán. Regresaron contando historias de una tierra maravillosa que fluía leche y miel. Esa fue su manera de decir que la tierra era fructífera. Sin dudas era un lugar donde el pueblo podría prosperar.

Pero además de describir la abundancia de la tierra, los espías también informaron que había nativos fieros en ciudades impenetrables. Diez de los espías recomendaron que el pueblo diera una vuelta y regresara al desierto. Pero otros dos espías tuvieron un punto de vista muy diferente. Cierto, los hombres de allá eran altos y grandes, pero ninguno alcanzaba la altura de Dios. Josué, el luchador, ya quería comenzar la ofensiva contra los moradores de la tierra y emprender la batalla.

Avance unos 40 años. A Josué le llegó la hora de dirigir al pueblo para conquistar la tierra. Como estratega, sabía cómo acercarse al enemigo, cómo invadir su territorio y apoderarse de la tierra. Sin embargo, Dios tenía algo diferente para él.

Lea Josué 1:6-9. ¿Por qué cree que Dios le dio a Josué esta instrucción sobre guardar Su Palabra por sobre todas las cosas?

Antes de comenzar la batalla, Dios le recordó a Josué que se mantuviera atado a Su Palabra. Le recordó que su fortaleza se encontraba en la presencia de Dios con él, no en sus estrategias. Como un militar, Josué pudo haber tenido la tentación de diseñar él mismo los métodos para apoderarse de la tierra. Pero Dios le recordó que el modo de lograr éxito en la tierra nueva era mantenerse fuertemente atado a la presencia y a la Palabra de Dios.

¿En qué situaciones se siente usted tentado a formular sus propias tácticas e inventar sus soluciones en lugar de apoyarse en la Palabra de Dios? Considere los ejemplos a continuación. Si alguno le es relevante, escriba el motivo que lo impulsa a confiar en sus propios talentos y habilidades:

Decisiones financieras:

Crianza de los hijos:

Cuestiones de trabajo:

Otras:

Dios es impredecible. A menudo logra Sus propósitos de una manera muy diferente a como usted, yo o Josué hubiéramos actuado. Después de todo, le dio a un brillante comandante militar la tonta encomienda de dar siete vueltas alrededor de una ciudad amurallada para al fin derribarla Él solo por completo.

Si es un hombre del Reino, su tarea no es tomar decisiones por su cuenta. Es sencillamente buscar la voluntad y los caminos que le ordena el Rey. No es nada complicado. El éxito para el hombre del Reino consiste en ser experto en comprender y seguir la voluntad de Dios.

Si usted es un hombre del Reino, su tarea no es tomar
decisiones por su cuenta. Es sencillamente buscar la
voluntad y los caminos que le ordena el Rey.

En la Biblia encontrará los principios que necesita para vivir y guiar en su esfera de influencia. Cuando los ponga en práctica, verá cómo Dios trabaja y se mueve en formas que nunca imaginó que fueran posibles.

Identifique alguna decisión que tomara en el pasado y que quisiera haber consultando antes a Dios. ¿Qué diferencia hubiera ocasionado?

Ahora identifique algún momento en que la Palabra de Dios le guió a una decisión que reflejó la voluntad de Dios para su vida.

Note que Dios le recordó a Josué que "de día y de noche meditarás en él, para que guardes y hagas conforme a todo lo que en él está escrito" (Josué 1:8). Este lenguaje indica un enlace continuo con la Palabra de Dios. No es cuestión de leerla, meditar en ella y ponerla en práctica de vez en cuando. Hay que hacerlo continuamente. Depender de la Palabra de Dios es la fuente de su vida.

Josué necesitaba permanecer atado a la Palabra para recibir las próximas instrucciones de Dios. El modo en que Él ordenó que atacara a Jericó no se volvió a repetir en ninguna ciudad. Caminar alrededor de una muralla fue una estrategia para una instancia en particular. Felizmentc, a Josué no se le ocurrió decir, "pues bien, si la última vez funcionó, la podemos emplear en la conquista de las demás ciudades". No, él entendió que necesitaba mantener sus ojos fijos en Dios para saber cuáles pasos debía seguir. Asimismo nosotros tenemos que mantenernos atados a la Palabra de Dios.

> Marque la frase que describe el papel que la Palabra de Dios representa en su vida.
> ☐ La leo diariamente y dependo de ella como fuente de vida.
> ☐ La leo cada vez que tengo una oportunidad.
> ☐ La leo para encontrar una guía cuando se presentan los problemas.
> ☐ La leo durante el estudio bíblico de nuestro grupo.
> ☐ Otro:

Hombre del Reino, deje atrás el pasado, apodérese de su herencia espiritual, fije su mirada en Dios y no en la gente, y permanezca atado a Su Palabra, aunque eso quiera decir marchar alrededor de una ciudad durante siete días. Cuando lo haga, estará listo para seguir en pos del futuro que Dios diseñó para usted.

Ore acerca de su respuesta a la actividad previa. Si no está leyendo la Palabra de Dios constantemente y poniendo en ella su confianza, pida a Dios que le conceda una renovación de amor por Su Palabra. ¿Se comprometerá a leer Su Palabra diariamente y seguir Sus instrucciones?

La vida del hombre del Reino

Si usted es un hombre chapucero, entonces, contribuirá a tener una familia chapucera. Si su familia es chapucera, contribuirá a tener una iglesia chapucera. Si su iglesia es chapucera, contribuirá a tener una comunidad chapucera. Si la comunidad es chapucera, el estado y la nación serán chapuceros. Una nación chapucera contribuirá a que exista un mundo chapucero.

Convertirse en un hombre mejor es la única manera de tener un mundo mejor, compuesto de naciones con mejores estados y comunidades, que a su vez tengan la influencia de tener mejores iglesias y en las que habiten mejores familias. Todo esto comienza con usted.

El camino hacia un mundo mejor comienza con usted.

CUARTA SEMANA
Compartiendo en el grupo

Comience

1. Comente algo nuevo que haya aprendido al completar las actividades de la tercera semana.

2. ¿Cuál es la diferencia entre la autoridad de Dios y su autoridad?

3. ¿Por qué esperar por Dios es un proceso activo y no pasivo?

4. ¿Cuál es la lección principal que aprendió de la historia de Josué cuando lo comisionaron para apoderarse de la tierra prometida?

¿Qué cree usted?

Converse con el grupo acerca de los asuntos siguientes:

1. Describa el concepto de alineación en la vida de un hombre del Reino.

2. ¿Qué aspectos específicos de su vida necesitan estar más alineados bajo el gobierno de Dios?

3. ¿Cuál es el propósito fundamental de las bendiciones que Dios le da? ¿Cómo es posible tener siempre presente su responsabilidad de extender las bendiciones a otros?

4. ¿Qué significa temer a Dios? ¿De qué manera su vida no está reflejando temor de Dios?

5. Entre las bendiciones que uno recibe por temer a Dios, ¿cuáles son las más importantes para usted? ¿Por qué?

Termine con una oración.

Salga a la calle

Versículo para memorizar

*Bienaventurado todo aquel que teme a Jehová, que anda
en sus caminos. Cuando comieres el trabajo de tus manos,
bienaventurado serás, y te irá bien. Salmos 128:1-2*

➤ Evalúe estos aspectos de su vida. Haga un propósito práctico para avanzar en cada aspecto bajo el temor a Dios.

• Matrimonio

• Crianza de hijos

• Finanzas

• Trabajo

• Entretenimientos

➤ Escriba una nota de agradecimiento a algún hombre en su vida que ha mostrado integridad personal. Agradézcale su estilo de vida y su influencia.

Lea la Semana 4 y complete todas las actividades diarias antes de la próxima reunión del grupo.

Día 1

Integridad

Para convertirse en un mejor hombre, usted tiene que alinearse bajo el gobierno total de Dios en cada aspecto de su vida, abarcando toda Su agenda. No se logra con solo decidir ser hombre, sino un hombre del Reino. Lo logrará al convertirse en el hombre de quien escribió David en el pasaje clave sobre la hombría: el Salmo 128.

Ningún otro pasaje en la Biblia explica con tantos detalles el impacto de un hombre del Reino en las cuatro esferas principales de la vida: personal, familiar, religiosa y comunitaria. Este salmo fue escrito específicamente para los hombres que desean seguir los pasos del Señor. Es el himno lema del hombre del Reino.

Lea el Salmo 128.

> *Bienaventurado todo aquel que teme a Jehová,*
> *que anda en sus caminos. Cuando comieres*
> *el trabajo de tus manos, bienaventurado serás,*
> *y te irá bien. Tu mujer será como vid que*
> *lleva fruto a los lados de tu casa; tus hijos*
> *como plantas de olivo alrededor de tu mesa.*
> *He aquí que así será bendecido el hombre*
> *que teme a Jehová. Bendígate Jehová*
> *desde Sión, y veas el bien de Jerusalén*
> *todos los días de tu vida, y veas a los hijos*
> *de tus hijos. Paz sea sobre Israel.*

¿Qué parte de este salmo le habla más íntimamente?

Si usted usara este salmo como una plegaria para su vida, ¿en qué parte del salmo se concentraría? ¿Por qué?

Este salmo comienza con la vida personal (vv. 1-2) de un hombre del Reino, describiendo a alguien que teme a Dios. Luego pasa a la vida familiar del hombre (vv. 3-4), la iglesia (v. 5a) y su legado patriarcal tanto en el hogar como en su comunidad (v. 5b-6).

Sin embargo, primero y de manera principal declara que la bendición llega cuando el hombre del Reino teme al Señor y en su vida personal anda en los caminos de Dios. Siempre comienza allí, de modo que durante esta semana consideraremos la vida personal del hombre del Reino. Primero, un hombre del Reino ama y vive con integridad ante Dios.

Defina *integridad* con sus palabras.

¿Por qué cree que vivir con integridad a menudo sea difícil para los hombres?

Si buscamos la palabra integridad en el diccionario, la primera definición que encontramos es algo como esto: "que posee entereza moral; honestidad; hombre de bien".[1] Si aplicamos la definición al contexto del Reino, vemos que la integridad es una característica de los principios morales y éticos que Jesucristo planteó.

Integridad es una característica de los principios
morales y éticos que Jesucristo planteó.

Sin embargo, si nos detuviéramos aquí, nos podríamos engañar pensando que guardar todos los reglamentos de la Biblia equivale a obrar con integridad. Obedecer sus leyes simplemente no es suficiente. La integridad implica alineación con los preceptos de Dios, en lo externo y en lo interno. No es solo una obediencia externa, sino amor y pasión internos que nos impulsan a la obediencia.

Por eso los Fariseos, aunque diestros en mostrar obediencia externamente, nunca pudieron vivir con verdadera integridad.

Lea la descripción de los fariseos que hizo Jesús en Lucas 11:39-44. ¿Cuál fue la acusación principal de Jesús contra ellos?

Los fariseos eran como una taza para tomar café que está limpia por fuera, pero por dentro todavía tiene las manchas oscuras del líquido. La verdadera integridad es un carácter moral sólido que viene de adentro. Por eso es que, sobre todo, un hombre íntegro conoce y vive la verdad del evangelio. Allí vemos que Jesús no solo limpia el exterior sino que nos da un interior nuevo. El nuevo interior ama la obediencia. Se deleita en mantenerse alineado con las normas del Reino. Es natural que ese amor interno dé por resultado una obediencia externa.

Si continúa leyendo en el diccionario las definiciones de "integridad", encontrará otra referencia que se usa cuando la palabra se refiere a un objeto, como el casco de un barco: "calidad de íntegro; que está completo o tiene todas sus partes en perfectas condiciones".2

Es posible que la estructura del barco no tenga rajaduras visibles, pero eso no significa que la embarcación sea íntegra. Puede que haya una rajadura interna que socave la apariencia externa. La verdadera integridad comienza en el corazón y hace que el hombre sea completo. No solo que él se comporte obedientemente, él es obediente.

Pero aquí está la dificultad acerca de la verdadera integridad: es algo que solo usted y Dios saben realmente. Yo no puedo observar su interior. Pero usted sabe quién es y lo que hace cuando está solo. Esa, a menudo, es la prueba decisiva de la integridad: ¿Quién es usted y qué hace cuando nadie lo está viendo? ¿Se sorprenderían quienes lo conocen si pudieran ver lo que usted es y lo que hace cuando no hay nadie en los alrededores? Vivir como un hombre del Reino comienza con una evaluación honesta de su integridad personal.

Ruegue al Espíritu Santo que examine su corazón al considerar su nivel en los siguientes componentes de integridad. Haga un círculo alrededor del número correcto, el 1 es el más bajo y el 5 el más alto.

Obediencia a los principios bíblicos de ética y moral   1 2 3 4 5

Honestidad   1 2 3 4 5

Deseo de complacer y obedecer a Dios   1 2 3 4 5

Excelencia moral en privado y en público   1 2 3 4 5

Ore acerca de sus respuestas a estas medidas de integridad. Pida a Dios que rectifique su corazón y le ayude a levantar su conducta al nivel de Su Palabra.

Día 2

Temor

Un hombre del Reino vive con integridad. Un hombre del Reino también teme a Dios.

Lea Salmos 128:1.

> *Bienaventurado todo aquel que teme*
> *a Jehová, que anda en sus caminos.*

¿Qué significa temer al Señor?

La palabra hebrea *yare*, que se traduce al español como temor, combina los conceptos de pavor y reverencia. Quiere decir que el hombre del Reino teme a Dios cuando lo toma en serio.

Esto parece muy fácil, ¿verdad? Tal vez no lo sea.

¿Le parece que la mayor parte de los hombres, incluso los que asisten a la iglesia, toman realmente en serio a Dios? Explique su respuesta.

¿Qué tipos de conducta muestran que un hombre toma a Dios en serio?

Vivimos en una época de cristianismo barato. Muchos aparentan ser cristianos y aceptan respetuosamente que Dios existe, pero no lo toman muy en serio. Admiten las verdades de la fe cristiana intelectualmente: "Dios es real. Soy un pecador. Jesús es el único medio de salvación". Pero ahí termina todo.

No hay alguna acción que pruebe el valor de esta confesión. Si el total de su cristianismo solo consiste en asentir a las frases anteriores, lo felicito. Satanás hace lo mismo y vive igual que usted. Él también sabe que Dios es real. Y realmente sabe que él es pecador. Hasta sabe que Jesús es el único medio de salvación. Santiago 2:19 dice: "Tú crees que Dios es uno; bien haces. También los demonios creen, y tiemblan". Santiago sostiene que tienen que existir evidencias de que uno realmente es creyente.

Usted sabe que no está tomando a Dios en serio si su fe ejerce poca o ninguna influencia en su vida. Pero un hombre del Reino teme a Dios y por eso lo confiesa y reconoce Su presencia en cada aspecto de su vida.

Un hombre del Reino teme a Dios y por eso lo confiesa y reconoce Su presencia en cada aspecto de su vida.

Marque los aspectos de su vida en los que recibe y honra la presencia y el gobierno de Dios.

☐ Matrimonio y familia   ☐ Iglesia
☐ Trabajo   ☐ Ministerio
☐ Vida social   ☐ Aficiones y pasatiempos
☐ Otro:

Dios no es solo omnipresente, es decir, que está en todas partes todo el tiempo. También es omnisciente, que significa que siempre lo sabe todo. Dios no solo está presente cuando usted está en la iglesia, cuando tiene sus meditaciones o cuando está orando. Vivir la vida en el temor de Dios es una actitud mental que toma en serio a Dios en todas partes y en todo momento y circunstancia. Vivir en el temor de Dios significa andar en Su senda porque lo tomamos en serio.

Lea Proverbios 1:7.

El principio de la sabiduría es el temor de Jehová; los insensatos desprecian la sabiduría y la enseñanza.

¿Por qué el temor de Dios es el principio de la sabiduría?

Los hombres del Reino no toman a Dios a la ligera. Saben que las promesas de Dios son verdaderas, lo mismo si promete bendiciones como si promete juicio. Saben que Dios no miente y por eso hay que obedecer Su Palabra. Esta clase de temor influye en sus pensamientos, su uso del tiempo, lo que dice y cómo usted trata a su familia. Temer a Dios significa confesarlo como el Señor de su vida y alinear sus acciones, palabras y pensamientos con Su Palabra.

En el reglamento del Reino de Dios, vivir con temor de Él es tomarlo seriamente y andar en Sus caminos. Significa tomarlo en serio con sus pies, no solo con las emociones. Significa algo más que un sentimiento cálido y tierno como lo que tal vez usted perciba un domingo en la mañana, o durante un tiempo de meditación. Aunque todo eso es bueno, no constituye la prueba del temor. Los sentimientos fluctúan. Pueden cambiar durante el tiempo que usted sale del templo y llega al automóvil. La prueba de que usted teme a Dios se muestra con sus acciones más que en sus emociones. Se muestra cuando usted obedece la Palabra de Dios, alineando su vida con los principios de Él y no con los suyos.

Marque cualquier evidencia de que usted vive con el temor de Dios.

☐ Tomo la Palabra de Dios en serio, leyéndola y obedeciéndola.

☐ Busco alinear mi vida con la voluntad de Dios.

☐ Trato de ser semejante a Cristo, cultivando mi carácter y mi conducta.

☐ Veo a Dios con un sentido saludable de pavor y reverencia que me impulsa a adorarlo en espíritu y en verdad.

☐ Pongo en primer lugar. al Reino de Dios

☐ Uso mi tiempo, dinero y recursos para que su Reino progrese.

☐ Testifico del Señorío de Cristo por medio de mis dichos y mis hechos.

☐ Otro:

¿Teme a Dios o piensa en Él como un dulce y amable abuelo que dispensa buenos consejos, pero que realmente no comprende al mundo en el que usted vive? Si es lo segundo, tenga cuidado. A Dios no se le puede tomar a la ligera.

Ore, pidiendo un sentido de asombro reverente en su vida espiritual. Ore para poder ver a Dios más claramente como Rey, de modo que usted pueda reaccionar con amorosa sumisión y obediencia.

Día 3

Obediencia

La vida de un hombre del Reino se vive con integridad. La domina el temor de Dios. Se caracteriza por la obediencia en todos los aspectos de la vida. La vida del hombre del Reino no puede limitarse a la obediencia, y mucho menos ser obediente solo en los asuntos importantes. Como dijo Jesús, seguirle requiere rendirse por completo, pasar toda la vida en obediencia a Él: "Entonces Jesús dijo a sus discípulos: Si alguno quiere venir en pos de mí, niéguese a sí mismo, y tome su cruz, y sígame. Porque todo el que quiera salvar su vida, la perderá; y todo el que pierda su vida por causa de mí, la hallará" (Mateo 16.24-25)..

Describa con sus palabras lo que significa negarse a sí mismo.

La palabra griega traducida vida, la vida que Jesús escogió, es *psique*, que literalmente significa alma, fuerza vital de la vida. Su alma es su persona. Es el meollo, el fundamento de quién es usted, y también establece la diferencia entre usted y todos los que le rodean. Su alma no es su cuerpo, sino su voluntad: su capacidad para pensar, sentir, escoger y desear. Es su esencia, la parte de su ser que continuará viviendo por la eternidad. Eso es lo que Jesucristo quiere que usted le rinda a Él.

Jesús dijo que si usted quiere seguirle y así salvar su alma, tiene que hacer tres cosas. Primero, necesita decirse a sí mismo que no, eso es lo que significa negarse a sí mismo. Es necesario negarse a sí mismo porque el mayor obstáculo en su relación con Jesús no está por fuera, su mayor problema es usted mismo. Seguir a Cristo significa que necesita aprender cómo decirse no a usted mismo. En mi caso personal, me es fácil decir que no cuando se trata de comer calabaza. Pero si se refiere a comer pollo frito, entonces es diferente.

Identifique algunas de las cosas a las que necesite negarse para poder seguir a Jesús.

Vuelva a su lista y escriba una X en las cosas a las que usted se compromete a negarse por amor a Jesús.

Cuando desea algo, no le gusta decirse a sí mismo que no. Pero si teme a Dios como Rey y desea seguir a Cristo como su Señor, debe negarse a sí mismo. Segundo, usted debe tomar su cruz. Este es un concepto que con frecuencia se mal interpreta.

Escriba con sus palabras, ¿qué significa tomar su cruz?

A menudo escucho a personas que mencionan este pasaje con relación a una situación difícil en el trabajo, en el hogar o en sus vidas. Oigo cosas como "Voy a tener que tomar mi cruz y aguantar como pueda a esa persona", "mi suegra es la cruz que debo llevar" o "me duele la cabeza; esa debe ser mi cruz". Pero Jesús dijo que tenía que tomar su cruz. La cruz que se le pide llevar es usted mismo. En los tiempos de Jesús el gobierno romano tenía un solo motivo para que cada uno llevara su cruz: cuando lo iban a crucificar en ella. La cruz es un instrumento de muerte. Llevar la cruz implicaba un sometimiento abierto, tangible, a la ley imperante: el gobierno romano.

Cuando un creyente se niega a sí mismo y lleva su cruz, está sometiéndose a una ley más trascendental que su propia persona. Se rinde a las demandas de la voluntad de Dios. Se rinde a lo que Dios le ha pedido: que niegue sus deseos, sus necesidades y su voluntad a Aquel a quien sigue. Incluso en el jardín de Getsemaní, antes de tomar su cruz, Jesús le dijo al Padre que no quería hacerlo. Pero también dijo: "No se haga mi voluntad, sino la tuya" (Lucas 22:42). Llevar la cruz es rendirse por completo a la voluntad de Dios.

Marque cualquier deseo del pasado que tuvo que abandonar para seguir a Cristo.

☐ Ambición   ☐ Necesidad de dominar
☐ Posición social   ☐ Egoísmo
☐ Materialismo/Riqueza   ☐ Autoimagen
☐ Otro:

En tercer lugar, después de negarse a sí mismo y tomar su cruz, Jesús dijo que siguiéramos en pos de Él. Pero tenga presente hacia dónde se dirigía Jesús: iba a morir. Para seguirle, hay que someter cualquier aspecto de la vida que no esté completamente sometido y ser obediente al gobierno de Jesús. Pablo lo puso así: "Haced morir, pues, lo terrenal en vosotros: fornicación, impureza, pasiones desordenadas, malos deseos y avaricia, que es idolatría" (Colosenses 3:5).

¿Por qué cree usted que Pablo dijo "haced morir" en lugar de "dejad de hacer"? ¿Por qué usar un lenguaje tan violento?

No podemos tener misericordia en los aspectos de nuestra vida que no están alineados con Jesús. Tenemos que hacerlos morir sin compasión, a veces, una y otra vez. La buena noticia es que no estamos solos en esta lucha. Dios está obrando en nosotros para lograr el mismo propósito. Si escogemos crucificar nuestra naturaleza pecaminosa, estamos incorporando la obra del Espíritu Santo en nuestras vidas.

Los hombres del Reino viven en un proceso constante de transformación para ser más semejantes a Jesús. Cuando sienten que los antiguos deseos pecaminosos están despertando, los ahogan y siguen marchando hacia adelante, con obediencia a Cristo.

Los hombres del Reino viven en un proceso constante de transformación para ser más semejantes a Jesús.

¿Con cuáles expresiones de la antigua naturaleza pecaminosa
todavía lucha usted?

¿Cómo esos pecados afectan su obediencia a Jesús?

*Confiese a Dios cualquier pecado persistente. Acepte el perdón de
Jesús y con el poder del Espíritu Santo, vuelva a matar los viejos
deseos.*

Día 4

Una vida bendecida

Un hombre del Reino se alinea y ordena su mundo bajo la amplia y completa autoridad de Jesús. Eso quiere decir que anda con integridad con el temor de Dios y se compromete a tener una obediencia absoluta a su Rey. El Salmo 128 nos dice que el hombre que vive así será bendecido.

Lea Salmos 128:1-2.

> *Bienaventurado todo aquel que teme a Jehová,*
> *Que anda en sus caminos. Cuando comieres*
> *el trabajo de tus manos,*
> *Bienaventurado serás, y te irá bien..*

La palabra del hebreo traducida aquí como bienaventurado también se puede traducir como dichoso o bendecido. ¿Qué usted cree que significa ser bendecido?

¿Qué aspectos de su vida le hacen pensar que está recibiendo bendición?

Bendición en las Escrituras se refiere a un favor o bondad de Dios. El Salmo 128 dice que usted será bendecido si teme al Señor y anda en Sus caminos. El Salmo sigue diciendo que existen tres aspectos en su vida en los que se beneficiará si teme al Señor y se compromete a llevar una vida de obediencia e integridad: sus finanzas, sus emociones y su futuro.

> *Si usted se comporta de acuerdo con los reglamentos de Dios,*
> *lo que ganes con tus manos, eso comerás.*
> *Salmos 128:2*

En otras palabras, usted tendrá la capacidad de disfrutar sus ganancias, los beneficios de su labor.

¿Es esta una promesa de riquezas para los que temen al Señor? ¿Qué indica esta promesa?

Obedecer a Dios por creer que le premiará con beneficios materiales, no es la clase de obediencia que Dios busca. Es más, ni siquiera es una obediencia verdadera porque no procede de un corazón lleno de amor. Al contrario, sale de un corazón lleno de codicia. De modo que este versículo no es una promesa de salud y riquezas a cambio de una vida virtuosa. Más bien es reconocer que Dios bendice a aquel que trabaja arduamente y con integridad. Si usted muestra esa clase de ética del trabajo en su vida, tendrá lo necesario para vivir. Dios le proveerá de modo que pueda suplir para sus necesidades, las de su familia y la de los que le rodean. El Señor le bendecirá proveyendo para sus necesidades materiales.

¿Notó usted cómo Dios satisfizo sus necesidades materiales en el pasado?

El versículo 2 también dice "gozarás de dicha". Esto se refiere a sus emociones, pero de nuevo tenemos que hacer una aclaración. Dios no existe para hacerle feliz. No es un mayordomo cósmico preocupado por satisfacer todas sus comodidades. Un hombre del Reino que teme al Señor entiende cuál es la verdadera fuente de su felicidad: Dios mismo.

Un hombre del Reino que teme al Señor entiende cuál es la verdadera fuente de su felicidad: Dios mismo.

Dios es el manantial de agua viva. Es la fuente de todo placer verdadero. Y si uno se ajusta a vivir bajo sus leyes, será un hombre feliz; no porque toda situación en su vida sea perfecta, sino porque tiene paz con Dios.

Identifique cualquier aspecto de su vida con el cual esté descontento.

¿Cómo fijar su mirada en Dios podría cambiar sus sentimientos en cuanto a los aspectos de su vida con los que no está contento?

Finalmente, si tú temes a Dios y andas en Sus caminos, dice el salmo que "gozarás de dicha y prosperidad" (v. 2). Esta es una promesa acerca de tu futuro.

¿Es usted de los que están siempre preocupados por el futuro? ¿Específicamente qué le inquieta?

Un hombre del Reino entiende el refrán que dice "Hay un Dios, pero ese no soy yo". Usted no es el que controla el futuro. Hay muchas cosas que están totalmente fuera de su control. Pero la buena noticia para los que temen al Señor es que no solo saben Quién controla el futuro, sino que también saben que Él nos ama y nos cuida. Al igual que Dios proveyó para usted en el pasado y le provee en el presente, usted puede confiar en su provisión para el futuro.

Un hombre del Reino trabaja arduamente con obediencia, disfruta el beneficio de su labor, encuentra felicidad en el Señor y confía su futuro plenamente a Dios. Esa es una vida bendecida.

Agradezca a Dios las muestras de su bendición en su vida. Exprese su confianza en Él, creyendo que proveerá para sus finanzas, sus emociones y su futuro.

Día 5

Perpetúe la bendición

Dios ha declarado los preceptos con los cuales los hombres pueden ordenar sus vidas. Si más hombres obedecieran el orden del Reino, el mundo sería drásticamente diferente. Esta es otra dimensión de lo que es ser bendecido.

En la Biblia la bendición se refiere al favor o bondad que Dios ha permitido que fluya en la vida de usted. Pero eso es solo un aspecto de la bendición. Las bendiciones de Dios no llegan solamente para usted; están supuestas a pasar por medio de usted. Si cree que la bendición de Dios es solo para su beneficio propio, está perdiéndose la mitad del concepto bíblico.

Lea el relato de la bendición sobre Abram.

Pero Jehová había dicho a Abram: Vete de tu tierra y de tu parentela, y de la casa de tu padre, a la tierra que te mostraré. Y haré de ti una nación grande, y te bendeciré, y engrandeceré tu nombre, y serás bendición. Bendeciré a los que te bendijeren, y a los que te maldijeren maldeciré; y serán benditas en ti todas las familias de la tierra. Génesis 12:1-3

Haga una lista de las maneras específicas con las que Dios bendeciría a Abram.

¿Qué resultado intentaba Dios lograr con Su bendición a Abram?

La historia de Abram modela perfectamente la bendición de Dios en la vida del hombre del Reino. En estos versículos usted ve algunas de las promesas increíbles que Dios le hizo a este hombre: hacer de él una gran nación, engrandecer su nombre, llevarlo a una nueva tierra. Pero el resultado de esta bendición sería hacer de Abram un conducto para que fluyera a través de él la bendición de Dios. Lo bendijo para que a su vez Abram bendijera a otros.

Lea Gálatas 3:6-9.

Así Abraham creyó a Dios, y le fue contado por justicia. Sabed, por tanto, que los que son de fe, éstos son hijos de Abraham. Y la Escritura, previendo que Dios había de justificar por la fe a los gentiles, dio de antemano la buena nueva a Abraham, diciendo: En ti serán benditas todas las naciones. De modo que los de la fe son bendecidos con el creyente Abraham.

¿Cómo finalmente cumplió Dios la bendición que dio a Abraham?

Hay una rotura en el sistema de bendición del Reino de Dios cuando los hombres piensan que la bendición termina en ellos. Dios no lo bendice a usted por el gusto de bendecirlo. Él lo bendice por motivo de aquellos que están en su esfera de influencia. Cuando Dios bendijo a Abram, el propósito final era que todas las naciones de la tierra fueran bendecidas con el conocimiento del evangelio de Jesucristo.

Hay una rotura en el sistema de bendición del Reino de Dios cuando los hombres piensan que la bendición termina en ellos.

Asimismo es que Dios lo ha bendecido a usted como hombre del Reino. Pero tenga siempre presente que la bendición no es para su beneficio. Una manera práctica de ver este precepto en la Biblia es entender el verdadero propósito del trabajo.

Lea Efesios 4:28.

El que hurtaba, no hurte más, sino trabaje, haciendo con sus manos lo que es bueno, para que tenga qué compartir con el que padece necesidad.

Según este versículo, ¿cuál es el propósito del trabajo?

Si usted cree que trabaja para ganar suficiente dinero para comprar una casa grande, o un auto nuevo y vivir con lujos, vuelva a pensar. Trabaja para ser una bendición para otros. Así es como funciona la vida en el Reino, pero para comprender este precepto se necesita un cambio drástico de actitud mental.

Enumere las bendiciones que ha recibido. Al lado de cada una escriba cómo las usa para bendecir a otros. Si no está bendiciendo a otros, escriba lo que puede hacer para convertirse en un conducto de bendición para otros.

Si se convierte en un conducto en vez de en un callejón sin salida para las bendiciones, Dios le puede usar para bendecir a otros. Aun más, cuando le pida algo a Dios, siempre pida que esa bendición pase a otros por medio de usted. Al hacer esto, se alineará con el propósito de Dios: que es beneficiar a otros por medio de Su bendición para usted.

Un hombre del Reino vive con el temor de Dios, vive con integridad y obediencia. Y cuando usted ande en los caminos de Dios, será bendecido, no solo para su beneficio sino para beneficio y bendición de todos los que le rodean. De esta manera la vida de un hombre del Reino es el comienzo de un mundo mejor.

Ore, pensando en cómo puede pasar a otros las bendiciones que Dios le da. Ore, pidiendo bendiciones materiales así como talentos, influencia y ministerio.

1. *http://dictionary.reference.com/browse/integrity.*
2. Ibid.

El hogar del hombre del Reino

La decisión que toma un hombre de casarse con una mujer y comenzar una familia es una de las decisiones más importantes que tomará en su vida. Debe hacerse solo después de mucha consideración y preparación, aunque con frecuencia no se hace así. Tengo dos hijas, ambas casadas. Cuando llegó la hora de casarse, sus futuros esposos habían hecho mucho más que pedirme permiso para el matrimonio. Ellas eran mis princesas y yo no estaba dispuesto a entregárselas a cualquiera.

El proceso de ganarse una mujer de los Evans incluía que el pretendiente me escribiera una carta larga y detallada explicándome de qué sería él responsable y cómo sería como esposo de mi hija. Archivé esas cartas, en caso de que en un futuro tuviera que recordarles a mis yernos sus promesas.

El matrimonio es un compromiso serio que solo se debe contraer cuando ambas partes entienden completamente su significado y su propósito.

Cuando un hombre tiene éxito como esposo y padre, no solo trae bendición a su vida sino que también facilita que su esposa y familia cumplan cabalmente sus destinos divinos.

QUINTA SEMANA
Compartiendo en el grupo

Comience

---

1. Cuente algún nuevo concepto que haya aprendido durante la semana 4.

2. ¿Por qué cree que es difícil para los hombres vivir con integridad?

3. ¿Cómo le describiría usted a un joven lo que es vivir una vida con integridad?

4. ¿Cómo el temor de Dios nos conduce a una vida de integridad? ¿Por qué nos lleva a una vida de bendición?

¿Qué cree usted?

---

1. ¿Qué palabras usaría su familia para describirlo a usted? ¿Cómo le gustaría que lo describieran?

2. ¿Qué hará para supervisar los cambios y el crecimiento en la vida espiritual de su esposa? ¿Qué debía estar haciendo ya?

3. ¿Cuáles son algunas formas prácticas de servir a su esposa e hijos?

4. ¿Qué debe cambiar en su horario para poder guiarlos cuando están sentados a la mesa?

5. ¿Por qué detalles específicos acerca de su esposa e hijos pueden orar los hombres de su grupo?

Termine con una oración.

Salga a la calle

Versículo para memorizar

*Tu mujer será como vid que lleva
fruto a los lados de tu casa; tus hijos
como plantas de olivo alrededor de tu mesa.*
Salmos 128:3

➤ Encuentre algún modo inesperado de servir a su esposa esta semana.

➤ Converse por separado con cada uno de sus hijos sobre lo que sucede en sus vidas.

Lea la Semana 5 y complete todas las actividades diarias antes de la próxima reunión del grupo.

Día 1

El poder del hogar

En nuestra sociedad existen muy pocos problemas que no se originen directamente en la familia. No quiere decir esto que nada malo sucedería si tuviéramos todas nuestras familias en orden, pero creo que gran parte del crimen, la pobreza, las violaciones sexuales, la corrupción y la delincuencia que padece nuestra sociedad se eliminarían si la familia funcionara como Dios manda.

¿Está de acuerdo conmigo en cuanto a lo del párrafo anterior? ¿Por qué sí o por qué no?

Lea Génesis 1:26-28. ¿Cómo se relaciona el mandato divino de "fructificad y multiplicaos; llenad la tierra, y sojuzgadla" con ser creados "a imagen de Dios"?

Debido a que la humanidad fue creada a la imagen de Dios, llenar la tierra con otros seres humanos significa llenar la tierra con quienes también son hechos a la imagen de Dios. El objetivo de la familia no es solo tener un lugar feliz al que llamamos hogar, sino esparcir la imagen de Dios por todo el mundo.

La familia, vista desde la perspectiva del Reino, es el medio por el cual Dios extiende Su Reino y autoridad a través de la historia. Por eso es que Satanás está tan interesado en destruir la familia. Si se destruye la familia, se destruye la expansión futura del dominio del Reino de Dios. Quienquiera que se adueñe de la familia es dueño del futuro.

Quienquiera que se adueñe de la familia es dueño del futuro.

¿De qué modo influyó, para bien o para mal, la crianza que le dio su familia en su desarrollo como hombre del Reino?

¿Qué puede cambiar, específicamente, el modo en que usted se relaciona con su familia si comienza a verla como el medio que Dios usa para ampliar Su Reino?

Mire a su alrededor y observe cómo Satanás trata de redefinir a la familia. No es solo una cuestión de si el matrimonio se compone de un hombre y una mujer. No es cuestión de estilos y técnicas de crianza. Es cuestión del orden que Dios estableció en la creación y nuestro alineamiento bajo Su soberanía. Al redefinir a la familia, Satanás trata de instituir un Reino rival que busque socavar el propósito de Dios para el hogar.

¿Qué efectos ve en los esfuerzos de Satanás para redefinir a su familia?

Al distorsionar el concepto de la sociedad en cuanto a la hombría, Satanás hace lo mismo que intentó hacer cuando usó a Herodes para matar a los niños varones después que nació Jesús. Satanás intentaba destruir el futuro. Dado que la función de usted como hombre del Reino es esencial, el propósito de Satanás es evitar que cumpla la función que le corresponde de acuerdo con los principios del Reino de Dios.

¿Siente el peso de la responsabilidad por su familia? Espero que sí. Su encomienda es guiar a su familia a comprender, amar e incorporar los valores del Reino de Dios. No hay llamado más alto. Opaca el llamado a su trabajo, a su comunidad y hasta a su iglesia. Su primera responsabilidad es con su familia, y una manera significativa de cómo ponerla en primer lugar se refleja en su uso del tiempo.

> *Su encomienda es guiar a su familia a comprender,*
> *amar e incorporar los valores del Reino de Dios.*

En una semana típica, ¿cuánto tiempo pasa usted intencionalmente con su familia?

Honestamente categorice sus prioridades en la vida, después de Dios, enumerando las siguientes actividades desde 1 (prioridad principal) hasta 11 (prioridad más baja).

☐ ___ Entretenimientos   ☐ ___ Educación
☐ ___ Matrimonio y familia   ☐ ___ Ejercicios
☐ ___ Reparaciones en la casa ☐ ___ Iglesia
☐ ___ Ministerio y Testimonio ☐ ___ Deportes
☐ ___ Aficiones   ☐ ___ Trabajo
☐ ___ Relación con Dios

Vuelva a leer y marcar algo que debe limitar para poder aumentar el tiempo que pasa con su familia.

Si cree en la importancia de la familia, se evidenciará en su horario. Constantemente tiene que hacerse parte de la familia. Muchos hombres hacen acto de presencia en ocasiones especiales y después desaparecen porque el trabajo o las diversiones los consumen, dejando vacíos los corazones de sus esposas e hijos. Nada puede llenar el vacío que crea la ausencia de un esposo o padre. No tiene que ser caro, ni extravagante, ni elaborado, pero tiene que ser una prioridad.

El tiempo que pase con su familia nunca debe ser una casualidad. Siempre debe ser intencional. Ponga en primer lugar lo que es primero. Si no lo ha hecho así en el pasado, nunca es tarde para comenzar.

> **¿Qué puede hacer esta semana para comenzar o para incrementar el tiempo que pasa con su familia?**

Reunir todos los días a la familia para el desayuno o la cena puede que no sea mucho, pero es un comienzo. Es posible que su familia hasta proteste por esta decisión. Pero las decisiones sencillas, como esta, dan grandes beneficios en el futuro. Haga la decisión hoy. Diga presente. Sea un líder. Sea un hombre del Reino para su familia.

Ruegue a Dios que le dé claridad y entendimiento para saber lo que debe limitar en su horario por amor a su familia, así como perseverancia para no desfallecer. Luego, en oración, implemente los cambios.

Día 2

El pacto del matrimonio

Los dos componentes principales de la familia son el matrimonio y la crianza de los hijos. Los matrimonios con problemas son un problema criando a los hijos. Aunque un buen matrimonio necesariamente no da por resultado una buena crianza de los hijos, ciertamente ayuda a encauzarlos en la dirección correcta.

El matrimonio, según lo diseñó Dios, no es simplemente un medio para obtener amor y felicidad. Aunque eso es importante, no es lo más importante que un matrimonio debe producir. El matrimonio es un pacto de unión que diseñó Dios para preparar a ambos cónyuges para el cumplimiento del propósito divino, el avance del Reino de Dios.

> **Examine con cuidado la definición de matrimonio en el párrafo anterior. Subraye la parte de la definición que por lo menos se asemeje a cómo la mayoría de la gente considera hoy al matrimonio.**

> **Específicamente, ¿cómo está su matrimonio, como pareja, incrementando la capacidad de hacer progresar el Reino?**

Un pacto es más que un acuerdo o un contrato. En términos de matrimonio, la solemnidad de ese pacto es uno de los componentes clave de un pacto que se ha perdido en nuestro mundo de divorcios rápidos.

Vemos en el libro de Malaquías que cuando se rompe el matrimonio, también se rompe la comunión con Dios. En los días del profeta, el pueblo de Judá se preguntaba por qué Dios no respondía, aunque clamaban desde el altar, ofreciendo sacrificios. Malaquías dijo que el silencio de Dios se debía al modo negligente conque trataban el pacto matrimonial: "Mas diréis: ¿Por qué? Porque Jehová ha atestiguado entre ti y la mujer de tu juventud, contra la cual has sido desleal, siendo ella tu compañera, y la mujer de tu pacto" (Malaquías 2:14).

De forma similar, Pedro enseñó a los primeros creyentes que debían considerar el matrimonio con tanta seriedad como lo hace Dios. Amonestó a los esposos a honrar a sus esposas "como a coherederas de la gracia de la vida, para que vuestras oraciones no tengan estorbo" (1 Pedro 3:7). Dios considera tan seriamente el pacto del matrimonio que relaciona la comunión con Él con la comunión entre marido y mujer. Romper un pacto es romper al otro.

¿Cómo sabe usted si alguien toma el matrimonio tan seriamente como Dios?

Y usted, ¿con cuánta seriedad toma su matrimonio? Dé evidencias de su respuesta.

Cuando considere su matrimonio como un pacto, con temor y reverencia a Dios, dice el Salmo 128 que su esposa "será como vid que lleva fruto a los lados de tu casa" (vv. 3).

¿Por qué cree que la esposa de un hombre del Reino se compara a una vid con fruto?

Si alguna vez ha estado en un viñedo o ha visto las uvas crecer, sabrá que las uvas no sobreviven sin ayuda. Dado que crecen en una parra, necesitan un soporte para subir y agarrarse. Tiene que haber un poste, una cerca o una pared, algo estable que le dé apoyo y balance. Si no, la vid se arrastra por el suelo y muere porque no puede absorber la luz del sol.

Si la esposa de un hombre del Reino es como una vid con fruto, el hombre mismo será en lo que la vid se apoye. Su misión es proveer fortaleza, estabilidad y apoyo para que su esposa pueda crecer y prosperar. Si su esposa ha de ser la mujer del Reino para lo que fue creada, tiene que proveerle un lugar seguro que sea fuerte y estable para que pueda apoyarse en usted con deseos. Si se lo permite y la anima para que se agarre de usted, la disuadirá de ir a buscar apoyo en otra parte.

Su misión es proveer fortaleza, estabilidad y apoyo
para que su esposa pueda crecer y prosperar.

¿Puede su esposa confiar en que usted hará lo que le ha dicho que va a hacer? Aporte evidencias para su respuesta.

Piense en ejemplos de cómo usted pudiera crear un ambiente seguro donde su esposa pueda florecer.

Su esposa necesita saber que puede confiar en usted, que puede depender de usted. Necesita saber que usted está dispuesto a sacrificarse por el bien de su familia. Necesita saber que usted tendrá un papel activo para mantener las relaciones románticas con ella y las de padre con sus hijos. Así es como usted se convierte en un hombre en el cual ella se puede apoyar. Es probando una y otra vez que usted guía su dominio con estabilidad y sabiduría.

Cuando haga eso, verá cómo su esposa comienza a florecer. Se sentirá libre para convertirse en aquello para lo cual fue creada y como la vid producirá mucho fruto.

¿Está su esposa produciendo el fruto del Reino como debe? Si no es así, quizá sea porque usted no está siendo el apoyo estable al cual ella se puede aferrar.

Ore por su esposa, específicamente por los retos y oportunidades que usted sabe que ella confrontará hoy. Pídale a Dios que le muestre formas de proveerle un ambiente sólido y estable.

Día 3

La responsabilidad de un esposo

En el diseño divino de un pacto para el matrimonio, la función del esposo es ser la fuerza estable que permite que su esposa se nutra y prospere. Esa es la responsabilidad del hombre del Reino. Hasta ahora hemos estudiado mucho sobre su dominio, gobierno y autoridad. Todo eso es cierto. Pero ninguna de esas verdades le debe llevar a concluir que la función de su esposa es servirle. En realidad, lo opuesto es lo correcto.

> Lea Efesios 5:22-32. Describa el papel del esposo en el matrimonio.

> Describa el papel de la esposa en el matrimonio.

> Según este pasaje, ¿quién tiene el papel más difícil en el matrimonio, el hombre o la mujer? Explique su respuesta.

Es difícil imaginar un llamado más sublime para los esposos que lo que Pablo describió. Un hombre del Reino ama a su esposa como Cristo ama a la iglesia. ¿Y cómo ama Cristo a la iglesia? Cristo ama tanto a la iglesia como para morir por ella. Estuvo dispuesto a sacrificarlo todo para lograr su salvación.

¿Cuántos matrimonios se transformarían si los hombres comenzaran a amar a sus esposas sacrificadamente? ¿Qué sucedería si los esposos salieran a caminar con las esposas en lugar de emplear el tiempo que tienen disponible mirando los deportes? ¿Qué efecto tendría que al final del día los hombres sacrificaran algunas horas para que sus esposas tuvieran un rato libre de las tareas de la casa y de cuidar a los hijos? ¿Qué pasaría si los hombres comenzaran a sacrificarse en cosas sencillas como elegir una película o el menú de la comida, motivados, simplemente, por el amor que sienten hacia sus esposas? Grandes cosas pudieran originarse de los pequeños gestos de amor.

¿Qué cosa pequeña puede sacrificar hoy para mostrar amor a su esposa?

Puede que esté protestando, "Pero soy un hombre. No soy un pelele ni soy un tonto. Estoy a cargo de mi casa. Aquí se hace lo que yo digo, pero si hiciera lo que usted me está diciendo, mi esposa me va a pisotear". ¿Es esto lo que realmente piensa? ¿Cree que la muerte de Jesús en la cruz fue una demostración de debilidad? Yo no lo creo. Jesús fue un hombre de verdad. Fue precisamente por ser tan fuerte que estuvo dispuesto a entregarse en silencio al castigo y al dolor de la crucifixión.

Pablo dijo que el hombre no solo debe amar sacrificadamente a su esposa, sino ayudarla en su desarrollo espiritual. De este modo los esposos pueden participar en la santificación de sus esposas. Santificar algo quiere decir separarlo como algo especial y único. Significa consagrarlo como algo santo. Un hombre coopera con la santificación de su esposa cuando la guía en el discipulado y la anima a desarrollar sus cualidades como la hija de Dios que fue destinada a ser.

Un hombre coopera con la santificación de su esposa cuando la guía en el discipulado y la anima a desarrollar sus cualidades como la hija de Dios que fue destinada a ser.

Este proceso es diferente para cada persona y se complica con las consecuencias de fracasos en el pasado por causa de pecados y sufrimientos. Para que un esposo pueda tomar parte activa en el crecimiento espiritual de su esposa, tiene que ser un estudioso de ella. Tiene que conocerla realmente.

¿Cómo el ser un estudioso de su esposa le ayudará a darle ánimo y facilitar su crecimiento espiritual?

¿De qué modo está involucrado en el crecimiento espiritual de su esposa?

Si usted es un estudioso de su esposa sabe cómo orar por ella. Aprende cuáles son sus necesidades específicas, sus sueños, sus temores y sus inseguridades. Se está preparando para amarla bien, como debe hacer un hombre del Reino (lea Efesios 5:25). Se está preparando para amarla igual que ama a su propia vida (lea Efesios 5:28).

Cualquier cosa que haga por usted, también debe hacerlo por su esposa. La debe cuidar con el mismo cuidado con que cuida su propio cuerpo. Tiene que pensar en términos de los dos, nunca en términos de uno solo. Si ama a su esposa así, ella jamás tendrá dificultades para subir a la altura de su responsabilidad en el matrimonio, sometiéndose a su liderazgo y autoridad.

Exprese en sus propias palabras lo que significa amar a su esposa como ama a su cuerpo. Dé ejemplos de diferentes formas en que puede demostrarlo.

Su matrimonio no gira solo a su alrededor. Tampoco gira alrededor de ella. Gira alrededor del evangelio. Pablo dijo en Efesios 5:32: "Grande es este misterio, mas yo digo esto respecto de Cristo y de la iglesia". Si ama a su esposa de este modo y ella voluntariamente se somete a usted, su matrimonio se convertirá en una ilustración caminante, parlante, viviente y vivificante del evangelio.

> **¿Por qué cree usted que el matrimonio es una ilustración del evangelio?**

La gente debe ser capaz de observar el matrimonio de un hombre del Reino y ver una representación del evangelio: un retrato viviente de amor dadivoso y sacrificado de parte de usted y sumisión voluntaria de parte de ella. Es un llamado muy alto, pero un llamado al que los hombres del Reino tienen que responder, no solo para nuestro beneficio, sino para beneficio de todos los que nos rodean.

Exprese a Dios su deseo de ser un hombre del Reino en su matrimonio, amando a su esposa sacrificadamente. Ore para que Él haga de su matrimonio una representación del evangelio.

Día 4

Cultive olivos

Hay una progresión en el Salmo 128. Pasa de la integridad en la vida del hombre del Reino a la integridad en su matrimonio, hasta finalmente llegar a la integridad con sus hijos. Si usted teme al Señor y anda en Sus caminos y si su esposa es una vid llena de frutos en el hogar, los hijos serán "como plantas de olivo alrededor de tu mesa" (v.3).

Describa con una sola palabra la relación que tiene con sus hijos. ¿Por qué escogió esa palabra?

¿Qué palabra usaría para describir la relación entre su esposa y sus hijos? ¿Por qué escogió esa palabra?

Para comprender la profundidad de la promesa en estos versículos, es necesario saber algo acerca de los olivos. Fíjese que no dice que los hijos serán como árboles de olivo, sino como "plantas de olivo". Eso es porque un olivo necesita unos 15 años o más para desarrollarse por completo.

Si una planta de olivo se cultiva correctamente, se convertirá en un árbol que producirá aceitunas durante más de dos mil años. Cuando fui de visita al Huerto de Getsemaní en Israel, vi olivos de dos milenios de edad que todavía producen aceitunas. Estos árboles viven y siguen fructificando porque durante sus años de formación alguien se ocupó de desarrollar sistemas para que echaran raíces muy profundas. Así que el Salmo 128 presenta el cuadro de un hogar donde se inculcan los principios del Reino a los hijos, generación tras generación. Entonces, ¿cómo un hombre del Reino puede lograr pasar la herencia de fe a sus hijos? ¿Qué puede hacer para cultivar en sus hijos raíces profundas en la fe?

Una de las cosas más grande que como hombre del Reino usted le puede ofrecer a sus hijos es modelar un olivo con raíces profundas de estabilidad.

> **Lea el Salmo 1. ¿Cuáles son algunas de las maneras en que este salmo define la estabilidad?**

> **¿Por qué cree que ver estabilidad en su padre podría ser importante para el desarrollo del hijo?**

> **¿Cree que sus hijos consideran que usted es un hombre estable en cuanto a la manera en que está modelando la agenda del Reino? ¿Por qué o por qué no?**

Vivimos en tiempos de cambios y movimientos constantes. Es evidente que esto no solo sucede en los avances tecnológicos, sino en las relaciones sociales, en el matrimonio y en las finanzas. Cuando todo está en movimiento, uno de los mejores regalos que podemos dar a nuestros hijos es la estabilidad.

Cuando todo está en movimiento, uno de los mejores regalos
que podemos dar a nuestros hijos es la estabilidad.

No importa lo que esté pasando en el mundo, los hijos de un hombre del Reino podrán estar confiados en que habrá estabilidad en sus hogares. Esa estabilidad los abastecerá para confrontar el mundo inestable que los rodea. Alcanzar esta clase de estabilidad no es muy difícil. Lo logrará proveyendo para las necesidades de sus hijos. Lo logrará conversando con ellos respecto a sus actividades en la escuela. Pero, sobre todo, se logra simplemente con su presencia, no solo en cuerpo sino también en alma y corazón. Por eso el Salmo 128 describe esas plantas de olivo alrededor de su mesa.

La mesa es un lugar ideal para ejercer el liderazgo. El padre judío criaba a su familia alrededor de la mesa. La mesa no era solo un lugar para comer, era un lugar para nutrirse. La comida no era más que el contexto para discipular y edificar relaciones. Cuando el padre judío se sentaba a la mesa, no solo llenaba su estómago; él estaba convocando a la familia para ejercer su papel de líder. Si nosotros decidimos usar la mesa de modo similar, piense en todo lo que podría suceder. Sentados a la mesa podemos tener la devoción familiar. Es allí donde el padre escucha cualquier problema de conducta. Es allí donde el padre asigna responsabilidades y revisa si se cumplieron las tareas requeridas. Es allí donde se conversa sobre las cuestiones educacionales y se establecen estrategias para lograr las metas. Es alrededor de la mesa donde el padre descubre con quiénes se reúnen sus hijos y qué tipo de información está llegando a sus mentes. Es en ese lugar donde el padre imparte valores y significado a las vidas de sus hijos al estar constantemente escuchándolos y pasando tiempo con ellos.

Una familia judía no se sentaba a la mesa durante veinte minutos. El padre pasaba allí varias horas de cada día enseñando, escuchando, conociendo y guiando a su familia. Todo eso también sucedía en otros momentos, aumentando pero no sustituyendo la cantidad de tiempo alrededor de la mesa. La razón es que las vides con fruto y las plantas de olivo necesitan alimento constante para crecer y fructificar.

Sin embargo, hoy muchas mesas están vacías. Los horarios de los hombres están repletos. Los horarios de los hijos también. Al no dar una constante prioridad al tiempo que pasamos sentados a la mesa con la familia o a otras ocasiones de la vida diaria, fracasamos en la tarea de ser su guía y líder. Como resultado, tenemos una generación de jóvenes que ha conformado su conciencia a la sociedad en lugar de conformarla a la verdad de la Palabra de Dios, compartida en la mesa con diligencia y amor.

¿Con cuánta frecuencia come usted junto a toda su familia?

¿Cómo está enseñando, guiando y relacionándose con sus hijos?

¿Qué tipo de conversación le gustaría tener con sus hijos?

Es mediante lugares como la mesa familiar donde se establece estabilidad para los hijos. Es también allí donde el hombre del Reino se relaciona intencionalmente con aquellos que se le han encomendado a guiar. Dondequiera que usted realice esta función de la mesa, no sea negligente con su responsabilidad de padre.

Ore específicamente por el tiempo que pasará hoy con su familia. Ore, pidiendo que Dios le ayude a facilitar una buena conversación y a tener comunicación íntima con su familia, bien sea en momentos espontáneos o en ocasiones planeadas como las que suceden alrededor de la mesa.

Día 5

Crianza de los hijos

Un hombre del Reino juega con sus hijos. Un hombre del Reino les hace cuentos y escucha las historias infantiles. Un hombre del Reino lleva a sus hijos a la escuela, va a las prácticas de pelota y disfruta las fiestecitas de té. Puede que estas sean cosas aparentemente sin importancia, pero ayudan a construir un ambiente de amor y estabilidad para los hijos. Aunque pequeñas en el momento, con el tiempo se convierten en algo grande.

Pero para que esto suceda, el hombre del Reino tiene que hacer decisiones intencionales. Pablo mencionó algunas de estas en Efesios 6:4: "Y vosotros, padres, no provoquéis a ira a vuestros hijos, sino criadlos en disciplina y amonestación del Señor".

> **¿Cuáles son algunas formas en las que un padre puede provocar ira en sus hijos?**

> **¿Cree que su padre vivió de acuerdo a esta amonestación? Explique su respuesta.**

> **¿Cuáles son algunos de los efectos que las decisiones de él causaron en su vida?**

Cuando usted toma decisiones, ¿se ve actuando como su padre? Si es así, ¿cómo?

Usted sabe cómo es esto. Se pasa todo el día trabajando. Está cansado física, emocional y mentalmente. No desea nada más que sentarse en su sillón, leer el periódico, revisar la computadora o mirar la televisión. Y, entonces, llegan los niños. En ese momento es fácil reaccionar con irritación.

Provocar ira en los hijos no siempre se refiere a un abuso físico o verbal; a menudo se manifiesta de manera más sutil. Si sus hijos detectan que usted está muy ocupado o cansado para hacerles caso, sus corazones comienzan a arder con un resentimiento y enojo que poco a poco acaban por incitarlos a la rebelión. O si constantemente los empuja a participar en actividades que usted disfruta, pero que a ellos no les gustan, los está provocando a ira. Tal vez usted no vea los efectos de inmediato, pero esas acciones no conducirán al cultivo de los olivos que producen fruto para el Reino durante un largo tiempo.

Identifique las maneras en que puede estar provocando la ira en sus hijos.

¿Qué medidas prácticas puede tomar para eliminar esa tendencia?

Pablo dijo que en vez de provocar ira, debemos criar a los hijos en la disciplina y la amonestación del Señor. Según Pablo, lo opuesto de provocar ira en los hijos es enseñarles sobre el Señor. Esto no se limita a impartir enseñanzas de la Biblia o llevarlos a la Escuela Dominical. La instrucción sobre las cosas de Dios abarca la totalidad de la relación con nuestros hijos, ayudándoles a comprender que los caminos de Dios son una guía para todos los aspectos de sus vidas. Como hombres del Reino, necesitamos criarlos activa e intencionalmente, igual que Dios hace con nosotros.

Como hombres del Reino, necesitamos criarlos activa e intencionalmente, igual que Dios hace con nosotros.

Nombre algo que usted hace para instruir a sus hijos en los caminos del Señor.

¿Cuáles son las tres características de la manera en que Dios nos instruye a nosotros como Sus hijos?

1.

2.

3.

Hay muchas formas en que podemos describir las cualidades de la paternidad de Dios. Es realmente paciente con nosotros. También nos muestra afecto. Aprecia y desea que pasemos tiempo con Él. Le interesan hasta los más mínimos detalles de nuestra vida. Es constante en Su expectativa y en Su disciplina.

Todas estas características pasan por el filtro de Su amor. No hay nada que nos suceda como cristianos que el amor de nuestro Padre no haya enraizado y motivado. Aunque Él ejerce Su disciplina sobre nosotros, lo hace pensando en nuestro bienestar. Mientras que a veces nosotros disciplinamos a nuestros hijos con enojo, frustración o en represalia, Dios nunca lo hace así. Siempre es amoroso en Su disciplina.

¿Puede recordar alguna vez en que disciplinó a sus hijos con ira? ¿Cómo hubiera podido expresar una disciplina amorosa en aquella situación?

No hay nada como el amor para aplacar el calor de la ira. Para educar a nuestros hijos en el Señor, como Dios nos educa a nosotros, tenemos que estar siempre motivados por el amor. Eso significa que la próxima vez que usted se enfade o se sienta frustrado con ellos, necesita hacer un alto y respirar profundo. Es posible que no deba tomar tan en serio cada situación, o quizá pensar que no deba tomarse a sí mismo tan en serio y ser más jocoso con sus hijos.

En cada una de esas situaciones podrá reaccionar amorosamente al recordar lo que Dios hizo por usted en Cristo. Haga una pausa, recuerde a su amante Padre y comprométase a emular Su ejemplo en ese momento en particular. Si lo hace, le dará una tremenda lección a sus hijos de lo que significa andar en los caminos de Dios.

Identifique cualquier aspecto de la crianza que necesite mejorar.

☐ Tener más tiempo con mis hijos

☐ Disciplinarlos con amor

☐ Mostrar amor en el modo de hablar y relacionarme con ellos

☐ Animar a mis hijos

☐ Educarlos en los preceptos de Dios

☐ Otro:

Encierre en un círculo qué aspecto va a mejorar de inmediato.

Dé gracias a Dios porque Él es un Padre perfecto. Pídale ayuda en los aspectos específicos de la paternidad con los que usted no está cumpliendo cabalmente con el ejemplo de Dios.

La influencia del hombre del Reino

Estoy próximo a cumplir cuatro décadas en el ministerio, y la brevedad de la vida se me hace cada vez más evidente. Nadie tiene garantizado otro día en la tierra. Esa reflexión me motiva a fijar más claramente el deseo de hacer que cada momento cuente y que cada decisión traiga gloria a Dios y bendición a otros.

Su destino como hombre del Reino no es solo ser diferente sino hacer una diferencia. Es responsabilidad suya extender su influencia más allá de los confines del hogar, hacia el mundo externo. Los hombres del Reino se dejan ver en público.

En lugar de huir de las responsabilidades, como hacen los hombres en esta sociedad, los hombres del Reino están listos a salir a la palestra y ser líderes en sus iglesias y comunidades. Hoy no existe un mayor reto que la necesidad de influir en nuestras comunidades y países con Cristo. Nuestra nación y el mundo necesitan con desespero hombres que mantengan una posición firme a favor del Reino de Dios.

Un cambio hacia lo bueno es posible si los hombres son hombres del Reino y acatan los valores del Reino según lo expone el Salmo 128.

Podemos ejercer una influencia si individualmente somos responsables, nos mantenemos atentos a nuestras familias, asumimos el liderazgo en nuestras iglesias y salimos a influenciar nuestras comunidades.

SEXTA SEMANA
Compartiendo en el grupo

Comience

1. Comente alguna enseñanza que haya aprendido durante la quinta semana.

2. Desde la perspectiva de Dios, ¿por qué el hogar es un lugar tan poderoso?

3. ¿Qué efectos positivos y negativos del hogar en el que usted creció puede ver en su vida?

4. ¿Qué opinión tiene la mayoría de los hombres acerca del matrimonio y los hijos? ¿Cuál debe ser la opinión de un hombre del Reino?

¿Qué cree usted?

1. ¿Cómo un hombre del Reino debe ver a la iglesia local?

2. ¿Para cuál tarea específica en su iglesia siente que Dios le está llamando?

3. ¿Cómo cree que la comunidad debe ver a la iglesia local?

4. ¿Cómo puede involucrarse personalmente para influir en su comunidad a favor del Reino de Dios?

5. ¿Para cuál acción específica le está llamando Dios en respuesta a este estudio?

Termine con una oración.

Salga a la calle

Versículo para memorizar

> *Bendígate Jehová desde Sión, y veas el bien de*
> *Jerusalén todos los días de tu vida. Salmos 128:5*

➤ ¿Tiene un padre espiritual y un hijo espiritual en su iglesia local? Si no, comience a buscar un hombre en quien usted pueda influir y otro que pueda influir en usted.

➤ Abrace su destino de líder y considere dirigir un nuevo grupo de estudio para hombres del Reino.

Lea la Semana 6 y complete las actividades para concluir su estudio de *"El hombres del Reino"*.

Día 1

Un embajador para el Reino

Hemos estado examinando el Salmo 128 para descubrir los valores y prioridades del hombre del Reino. Cuando un hombre teme a Dios y se somete a Su autoridad, los resultados se esparcen y comienzan a influir en su familia, su iglesia y la comunidad.

Lea el Salmo 128 una vez más.

Bienaventurado todo aquel que teme a Jehová,

que anda en sus caminos. Cuando comieres

el trabajo de tus manos, bienaventurado

serás, y te irá bien. Tu mujer será como vid que

lleva fruto a los lados de tu casa; tus hijos

como plantas de olivo alrededor de tu mesa.

He aquí que así será bendecido el hombre

que teme a Jehová. Bendígate Jehová

desde Sión, y veas el bien de Jerusalén

todos los días de tu vida y veas a los hijos

de tus hijos. Paz sea sobre Israel.

Subraye las partes del Salmo que indican cómo la relación de un hombre del Reino influye en otros.

¿Cómo está asumiendo hoy la responsabilidad y el liderazgo para aumentar su influencia más allá de su casa?

Un hombre del Reino no puede conformarse con solo gobernar su vida bajo el señorío de Jesús. Tampoco puede quedarse satisfecho si solo guía a su familia a vivir según los principios del Reino. Para cumplir a plenitud el propósito de Dios para él, tiene que seguir aumentando su alcance hacia el mundo en general. Si usted es un hombre en el Reino de Dios, tiene que aceptar las prioridades del Reino. Y la prioridad de Dios es hacer avanzar Su Reino.

Lea 2 Corintios 5:17-21. ¿Qué significa para un hombre del Reino ser un embajador de Cristo?

En este pasaje Pablo adoptó un lenguaje orientado hacia el Reino para describir la función del cristiano en el mundo. Todo el que se haya reconciliado con Dios es un embajador. Un embajador es un ciudadano del Reino que vive en otra nación para propagar los valores y la cultura de su pueblo entre las personas con quienes vive ahora. Aunque el embajador esté a miles de millas de su tierra, no está obligado a cumplir las leyes y regulaciones del país donde vive. Su obligación es cumplir con las leyes de su patria. Mientras esté viviendo en el extranjero, su conducta será diferente intencionalmente porque estará representando a su país y gobierno, a los cuales debe su lealtad.

A diferencia de los países, un hombre del Reino nunca deja de ser embajador. No hay tiempo libre porque no importa adónde vaya, usted no dejará de ser quien es. Como una nueva criatura en Cristo, ahora es un embajador en tierra foránea.

Para cumplir realmente el propósito de un embajador del Reino, usted no puede permanecer confinado en su hogar. Un embajador no sirve a su gobierno si se queda encerrado tras las rejas de la embajada. Es más, la razón principal de estar en el país extranjero es moverse fuera de las rejas e infiltrarse en el ambiente que le rodea.

Del mismo modo, se espera que un hombre del Reino opere en el mundo. Salga a trabajar. Coma en restaurantes. Entrene equipos de deporte. Vaya al banco. ¿Entiende la idea? Pero recuerde que está supuesto a realizar todas esas actividades ordinarias con un propósito. Mientras más se integre a su función de embajador, más cambiará la motivación detrás de todas esas actividades. Siempre estará buscando cualquier oportunidad para hacer que progrese la causa del Reino que representa.

Se espera que un hombre del Reino opere en el mundo.

¿Cómo puede un hombre del Reino ser embajador en cada uno de estos ámbitos?

En el trabajo:

En círculos sociales:

Restaurantes:

Escuelas:

Lea Efesios 5:15-16.

Mirad, pues, con diligencia cómo andéis, no como necios sino como sabios, aprovechando bien el tiempo, porque los días son malos.

¿Qué puede hacer para diariamente recordarse la necesidad de mantener una perspectiva del Reino según vaya viviendo su vida?

Dos ámbitos cruciales donde tenemos que entender la responsabilidad de ser hombres del Reino son la iglesia y la comunidad en general. Ambos necesitan con desesperación la presencia de hombres del Reino.

¿Está dispuesto a aceptar este reto?

Ore, pidiendo que esta semana Dios le haga estar atento a las oportunidades de influir en su iglesia y en su comunidad a favor del Reino.

Día 2

Bendiciones de Sión

El Salmo 128:5 dice que un hombre del Reino recibe bendiciones de Sión. Las Escrituras contienen muchas referencias a este lugar. El monte llamado Sión era el lugar santo donde se encontraba la presencia de Dios. También hay una ciudad llamada Sión, la ciudad de David, o Jerusalén, donde Dios moraba. El templo, en la cultura del Antiguo Testamento, era el lugar central de adoración para Israel y también se llamaba Sión. En esencia, Sión era el lugar donde los israelitas se congregaban para recordar que eran el pueblo del pacto y que todos debían pensar, actuar y ver la vida desde el mismo punto de vista porque todos vivían bajo el mismo Rey y pertenecían al mismo Reino.

A mí, eso se me parece mucho a la iglesia.

En sus palabras, ¿qué es la iglesia?

¿Quiénes están más involucrados en las actividades de su iglesia, los hombres o las mujeres?

¿Por qué cree que sea así?

Si cada cristiano es un embajador, la iglesia es la embajada. Una embajada es un territorio soberano en tierra extranjera, un lugar donde imperan las leyes y regulaciones del país que representa. Las embajadas no pertenecen a los países donde se encuentran. Pertenecen al país que representan. Por ejemplo, si usted visita un país extranjero como ciudadano americano y va a la embajada americana, encontrará que allí se aplican las leyes y procedimientos de los Estados Unidos, no importa qué país esté visitando. La embajada estadounidense es fundamentalmente un pedacito de Estados Unidos muy lejos de casa.

La iglesia está supuesta a ser un pedacito de cielo muy lejos de casa, un lugar donde los valores de la eternidad se manifiestan en la historia. La iglesia es donde cualquier persona de cualquier sociedad debe poder observar claramente lo que es la vida en el Reino de Dios.

¿Con cuánta fidelidad reproduce su iglesia esa descripción? Explique su respuesta.

¿Cómo cree que la mayoría de los miembros consideran a su iglesia?

Como individuo, usted puede conocer el poder y la bendición de Dios hasta cierto punto. Pero la intención de Dios nunca fue que usted tuviera esas experiencias de una manera aislada. Algunos aspectos de la bendición de Dios solo pueden venir de Sión, de una relación con el pueblo de Dios.

Cuando un hombre del Reino está relacionado a una comunidad de fe, su experiencia con Dios y las bendiciones que recibe en su vida serán mucho más intensas que si estuviera solo, por su cuenta.

La iglesia es como una familia. Cada miembro tiene ciertas experiencias personales. Pero otras experiencias, como las vacaciones familiares, ocurren solo como resultado de estar uno relacionado con el grupo. En el Antiguo Testamento el hombre llevaba a Sión a su familia y a los que estaban bajo su cuidado porque sabía que allí cada uno de ellos recibiría favor y dirección de Dios. Allí era donde los principios y las promesas del pacto se transferían de una generación a otra. En aquel lugar el hombre relacionaba a su familia con algo mucho más grande que ellos, una comunidad de gente que pensaba y actuaba de acuerdo al pacto de Dios para el Reino. En la actualidad, el hombre del Reino que se relaciona a la comunidad de fe, tendrá mayor satisfacción en su experiencia con Dios y recibirá más bendiciones en su vida que si hubiese estado solo.

Lea Hebreos 10:24-25.

Y considerémonos unos a otros para estimularnos al amor y a las buenas obras; no dejando de congregarnos, como algunos tienen por costumbre, sino exhortándonos; y tanto más, cuanto veis que aquel día se acerca.

Relate algunas de las bendiciones y aliento que usted recibe como resultado de su participación en las actividades de su iglesia.

¿Cómo está bendiciendo a otros en su iglesia?

Al igual que Satanás busca romper la familia en un esfuerzo por destruir el futuro, también quiere romper la comunidad de creyentes. ¿Por qué? Porque sabe que una iglesia anémica nunca va a experimentar la presencia de Dios. Aquí es donde los hombres del Reino pueden ejercer una gran influencia.

Muchos hombres asisten a los servicios de la iglesia porque se sienten presionados o porque no quieren que alguien los haga sentirse culpables por no ir. Están allí, pero sienten que no encajan, algo así como si Lois, mi esposa, me pidiera que yo le aguantara su bolso. Eso de asistir a la iglesia no les parece muy varonil. El ámbito es demasiado femenino, con decoraciones y música suave, cantos aburridos y un ambiente diseñado para evocar emociones. Por eso muchos hombres, aunque sean sinceros, simplemente van para matar tiempo en lugar de considerar a la iglesia como un vehículo mediante el cual podrán cambiar el mundo.

Sin embargo, esta no fue la iglesia que Jesús estableció. Él describió a la iglesia como una fuerza contra la cual ni siquiera las puertas del infierno predominarán: "Y yo también te digo, que tú eres Pedro y sobre esta roca edificaré mi iglesia; y las puertas del Hades no prevalecerán contra ella" (Mateo16:18). La palabra griega *ecclesia* que leemos como iglesia en el Nuevo Testamento se refería a un concilio de gobierno que legislaba en nombre de la población en la sociedad. No hablaba de un lugar donde los hombres recibirían inspiración, sino del lugar donde se reunían para ejecutar juntos su gobierno.

En algún momento entre la cruz y la sociedad contemporánea, se diluyó el concepto de *ecclesia* de su potencia original. Ser parte de la *ecclesia*, como dijo Jesús, es participar en el cuerpo gubernamental que Él dotó de poder para traer el punto de vista del cielo a una sociedad infernal. La iglesia intenta traer el gobierno de Dios de una manera práctica y relevante a la humanidad.

Tomemos la iniciativa. La iglesia necesita hombres del Reino y los necesita ya.

Ore por su pastor y por su iglesia. Ruegue que haya una nueva visión en su congregación respecto a cómo influir al mundo para el Reino de Dios.

Día 3

El hombre del Reino y su iglesia

En el mundo actual muchas iglesias se han apartado de su propósito como embajadas del cielo en la tierra y se parecen más a un club o a una asociación. Como resultado, estamos sufriendo una especie de maremoto cultural que barre con toda una generación de jóvenes y hombres, impidiéndoles convertirse en los hombres del Reino que Dios intentaba que fuesen. Igual que la cadena de montaje en una fábrica, la iglesia se diseñó para producir hombres del Reino, inconfundibles discípulos de Jesús en su manera de hablar y en su aspecto. Cuando una cadena de montaje no produce como debe, podemos concluir que hay un defecto en la fábrica que necesita atención. Cuando observamos la debilidad de los hombres cristianos de hoy, también tenemos que concluir que hay un defecto en la fábrica que se estableció para producirlos.

> ¿Cuál cree que sea el defecto en las iglesias de hoy? ¿Por qué cree que fracasan en la producción de los hombres del Reino?

> ¿Qué responsabilidades tiene un hombre del Reino para producir otros hombres del Reino?

Lea 1 Timoteo 3:1-7. Escriba una lista de las cualidades de líder que usted posee.

Pablo estableció con cuidado una lista detallada de las cualidades que los líderes de la iglesia deben poseer. Note que todas estas cualidades se deben encontrar en los hombres.

La gente debate quién es exactamente un obispo (supervisor) en la iglesia. Algunos dicen que es el pastor, otros piensan que es un grupo de pastores profesionales y laicos que dirigen en conjunto. Pero todos están de acuerdo en que se describe el puesto más alto de la iglesia: los líderes. Si se espera que la iglesia sea una demostración visible de la vida del Reino, la manera en que el liderazgo de la iglesia está estructurado, debe reflejar el diseño de Dios en la creación. Por eso es que todos los líderes son hombres.

Pero en muchas iglesias son las mujeres las que están dispuestas a dar un paso al rente y dirigir. Los hombres se contentan con sentarse y escuchar, en vez de asumir la responsabilidad de la visión y la dirección del cuerpo de Cristo. Para que la iglesia progrese en su misión de extender el Reino de Dios, los hombres del Reino tienen que levantarse, dejar los controles de la televisión y los video-juegos, arremangarse las mangas de la camisa y ponerse a trabajar.

¿Está involucrado en alguna posición de liderazgo en su iglesia?
☐ Sí   ☐ No

Si no lo está, ¿por qué?

De acuerdo a sus observaciones, ¿cuáles aspectos de su iglesia necesitan liderazgo?

¿Qué tiene que ajustar en su vida para ser líder en uno de esos aspectos?

No todos los hombres deben ser pastores o supervisores, no todos pueden ser pastores. Pero cada hombre puede ser un padre espiritual en la iglesia. Esa es la relación que tenía Pablo con Timoteo y con Tito. Los hombres del Reino pueden seguir su ejemplo.

Pablo llamaba a Timoteo y a Tito sus verdaderos hijos en la fe (1 Timoteo 1:2; Tito 1:4). ¿Qué cualidades caracterizaban a ese tipo de relación?

¿Hay alguien que usted considere ser su padre espiritual? ¿Qué clase de orientación le provee a usted?

¿Hay alguien que debe considerarlo a usted como un padre espiritual? ¿Qué clase de orientación le provee usted a esa persona?

En sus cartas a Timoteo y a Tito, Pablo se dirigió a hombres que estaban asumiendo responsabilidades pastorales en las iglesias del primer siglo. A la vez que Pablo les aconsejaba sobre la predicación, la enseñanza y el servicio, también les hablaba sobre consejería espiritual. Igual que un hogar es el lugar donde los padres enseñan a sus hijos a ser adultos responsables, la iglesia existe para proveer un ambiente de crianza en donde los hijos de Dios crezcan hasta madurar espiritualmente y llegar responsables.

La iglesia de hoy necesita padres espirituales como Pablo. Sin padres espirituales que sirvan de ejemplo, los jóvenes aprenden una versión femenina de lo que significa ser hombre; quizá aprenden a ser bondadosos y serviciales en vez de fuertes y responsables. Aunque Timoteo y Tito no eran hijos biológicos de Pablo, les habló y se relacionó con ellos como un padre con sus hijos. Es suficiente desdicha que un joven no tenga a un padre biológico que lo guíe y ayude a crecer, pero si tampoco tiene un padre espiritual, entonces es huérfano en dos aspectos cruciales.

La Palabra de Dios no es simplemente para aprenderla, sino para aplicarla. Cuando Jesús enseñaba a sus discípulos, les impartía la verdad en forma de un reto de la vida. El discipulado siempre incluye información, pero el proceso de discipulado no está completo sin la emulación. Cada hombre necesita un padre espiritual que le guíe en los caminos de Dios, y cada hombre necesita ser un padre espiritual influyendo en otros. Usted debe tener un padre espiritual y ser un padre espiritual. Sin esa relación, el hombre no puede lograr el impacto que Dios intentó que él tuviera en otros en el cuerpo de Cristo.

Usted debe tener un padre espiritual y ser un padre espiritual.

¿Qué conocido necesita un padre espiritual? ¿Cuándo fue la última vez que usted tuvo una conversación seria con él?

Especifique qué tiene que cambiar en su vida para ser el mentor de un hombre más joven.

Hombre del Reino, involúcrese en el cuerpo de Cristo. Incorpórese. Sirva. Guíe. Enseñe. Ore. Prepare. Descubra los dones que Dios le ha dado y cómo esos dones pueden beneficiar a su iglesia. ¿Sabe mecánica? Considere comenzar un taller para que jóvenes que estén en desventaja para que puedan adquirir habilidades que les faciliten encontrar trabajo y salir de la calle. ¿Tiene conocimiento de leyes? Comience o participar en un ministerio para solucionar disputas de acuerdo con los principios bíblicos de reconciliación. ¿Es diestro con las computadoras? Ofrezca ayuda a otros en su iglesia o comunidad que puedan beneficiarse con sus conocimientos. ¿Es un hombre de negocios? Sea un mentor para los jóvenes de su iglesia o comunidad dándoles acceso para que observen cómo usted trabaja. Las posibilidades son ilimitadas. Y los resultados no tienen precio.

Luego de meditar en sus dones y habilidades, identifique al menos dos maneras con las que pueda ejercer influencia en las vidas de otros hombres o jóvenes.

1.

2.

Al lado de cada acción escriba el nombre de un adulto joven cuyas necesidades se pudieran satisfacer.

Ore por cualquier persona que haya identificado como alguien que necesita la influencia de un hombre del Reino. Pida a Dios la oportunidad de relacionarlo en un nivel más profundo. Tome la iniciativa de arreglar una reunión con él y conversar sobre las maneras en las que usted pudiera proveerle preparación y guía.

Día 4

Un hombre del Reino y su comunidad

La mayor prueba de la fortaleza de un hombre, de su familia y de su iglesia es la salud de su comunidad y nación. Si los hombres del Reino están trabajando como deben, la comunidad debe mejorar constantemente.

Salmos 128:5 nos dice que si un hombre recibe Sus bendiciones en Sión, Jerusalén sentirá el efecto:

> *Bendígate Jehová desde Sión, y veas el bien de*
> *Jerusalén todos los días de tu vida.*

Cuando los hombres del Reino están ejerciendo influencia en sus hogares e iglesias, la ciudad y el país también se benefician.

¿Cuáles considera usted que son las tres necesidades principales en su comunidad?

1.

2.

3.

A no ser que resolvamos el problema del hombre en nuestro país, no sobreviviremos. Ningún programa o iniciativa de gobierno tendrá éxito para salvar a nuestra sociedad y a nuestra nación si los hombres no se superan para convertirse en hombres del Reino en sus vidas, en sus hogares, en sus iglesias y en sus comunidades. No hay dinero suficiente para componer los problemas que confrontamos como nación. Y no existe legislación alguna que arregle lo que en un final, es un problema espiritual: muchos hombres desligados de la influencia del señorío de Dios.

El Antiguo Testamento comienza con promesa y esperanza: "En el principio creó Dios..." (Génesis 1:1). La creación incorpora vida, aliento y energía. Pero al finalizar, el Antiguo Testamento concluye con un sabor de desastre: "El hará volver el corazón de los padres hacia los hijos, y el corazón de los hijos hacia los padres, no sea que yo venga y hiera la tierra con maldición" (Malaquías 4:6).

> ¿Por qué cree que una nación es maldita, al menos que los corazones de los hijos y los padres se vuelvan el uno al otro?

Solo habrá un cambio radical en el ambiente cuando los hombres se coloquen en su puesto correcto en la sociedad, convirtiéndose en los esposos, padres y ciudadanos para lo cual fueron creados. Cuando el corazón del hombre se vuelve hacia sus hijos, su corazón también se vuelve hacia su esposa porque es para el bien de los hijos que el padre ame a la madre. Asimismo, si el corazón del hombre se vuelve hacia sus hijos, su corazón también se volverá hacia la iglesia y la comunidad porque es para el bien de sus hijos que estas entidades funcionen como Dios las diseñó.

Para llegar a tener comunidades restablecidas y una nación transformada, el pueblo de Dios tiene que comenzar a obedecer Su Palabra y vivir bajo los principios del Reino. Los hombres de Dios tienen que convertirse en hombres de verdad en lugar de simplemente pretender que son genuinos cuando todavía siguen viviendo conforme a las normas del mundo.

Los hombres de Dios tienen que convertirse en hombres de verdad en lugar de simplemente pretender que son genuinos cuando todavía siguen viviendo conforme a las normas del mundo.

Marque las maneras esenciales en las que un hombre del Reino debe vivir para su Rey en la sociedad:

☐ Anunciar la verdad de la Palabra de Dios

☐ Participar en la política

☐ Respaldar principios bíblicos

☐ Trabajar para cambiar las leyes existentes

☐ Obedecer a Cristo como padre, empleado, miembro de la iglesia y ciudadano

☐ Adorar al único Dios verdadero

No hay nada malo con participar en la política y tratar de que haya justicia y moral en la legislación. No obstante, los hombres del Reino tienen que ordenar sus vidas de acuerdo con los valores y prioridades del Reino. Cuando la iglesia comienza a dividirse por causa de ideas políticas opuestas, hemos perdido de vista el Reino. El Reino va más allá de la política. Va más allá del gobierno. Los propósitos de Dios para el Reino trascienden la política, las preferencias personales, las divisiones raciales y todas las demás agendas. Solo cuando los ciudadanos del rey operen bajo los preceptos de su Reino es que veremos transformación en la sociedad.

La sociedad que nos rodea solo se transformará desde adentro hacia afuera. No se logra con la intervención del gobierno desde afuera hacia adentro. Cuando Babilonia capturó al pueblo de Judá y lo llevó al exilio, Dios no les pidió que se rebelaran contra el gobierno ni que cambiaran la política de los babilonios para mejorar su situación. Más bien les dijo: "procurad la paz de la ciudad a la cual os hice transportar, y rogad por ella a Jehová; porque en su paz tendréis vosotros paz" (Jeremías 29:7).

Al igual que los judíos en Babilonia, hoy los cristianos viven en tierra extranjera. Muchos de los pueblos, sistemas e instituciones a nuestro alrededor no promueven los valores y propósitos del Reino. Pero Dios no nos dice que seamos rebeldes, ni que estemos furiosos, ni que nos encerremos en nuestra propio colectivo de fe. Al contrario, debemos trabajar activamente en pro del bienestar de nuestros pueblos, estados y naciones. Los hombres del Reino lograrán esto cuando jueguen un papel decisivo para mejorar la sociedad en lugar de lamentarse por los males y esperar que venga otro a hacer la diferencia.

> ¿Qué está haciendo usted con diligencia para lograr que su comunidad prospere?

> Piense en las tres necesidades principales de su comunidad que escribió antes. ¿Cómo puede involucrarse para lograr cambios en uno de esos aspectos?

La falta de hombres del Reino es la aflicción y la tragedia de estos tiempos. Su ausencia ha contribuido, si no es que directamente ha causado, la pobreza que prevalece, las altas tasas de fracaso en la educación, en la cantidad de presidiarios, en el uso de las drogas, el suicidio juvenil y la falta de dirección y propósito en la presente generación. La solución del Reino de Dios es introducir influencias masculinas positivas en la sociedad, hombres que quieran ver el Reino de Dios en la tierra como también en el cielo.

Ore por su comunidad. Busque su bienestar en oración. Ore, pidiendo que se presenten oportunidades para hacer una diferencia en el Reino de su comunidad.

Día 5

El legado de un hombre del Reino

Causa consternación saber que el destino de un hombre del Reino no es solo vivir de acuerdo con el señorío de Cristo, sino también guiar a su familia, edificar su iglesia y finalmente cambiar al mundo, ¿no es cierto? La realidad es que vivir ese gran propósito a menudo se logra con cosas pequeñas que se acumulan y se suman a algo grande. Un modo en que nosotros, como hombres del Reino, podríamos ejercer una influencia profunda y positiva en la sociedad actual y futura es si simplemente nos comprometiéramos a ser padres de los huérfanos.

Lea los siguientes versículos.

Padre de huérfanos y defensor de viudas es Dios en su santa morada.
Salmos 68:5

La religión pura y sin mácula delante de Dios el Padre
es esta: Visitar a los huérfanos y a las viudas en sus
tribulaciones, y guardarse sin mancha del mundo.
Santiago 1:27

¿Por qué muestra Dios en la Biblia tanta afinidad por los huérfanos y las viudas?

En una sociedad, los huérfanos y las viudas representan a las personas que no tienen quién las proteja ni provea para sus necesidades. Los necesitados tienen un lugar especial en el corazón de Dios. Su naturaleza divina responde a quienes admiten su gran necesidad y lo buscan a Él como Padre y Proveedor. Si realmente queremos vivir los valores del Reino, tenemos que comprometernos a las causas que Dios valora. Tenemos que representar a Dios en nuestra sociedad, siendo padres suplentes para los necesitados.

> *Tenemos que representar a Dios en nuestra sociedad,*
> *siendo padres suplentes para los necesitados.*

Con frecuencia pensamos que los huérfanos son los que han perdido a sus padres, pero en nuestra sociedad viven millones cuyos padres los han abandonado, relacional, emocional o físicamente. Un niño sin la presencia e influencia positiva de un padre es un huérfano. Necesitamos abrir los ojos para ver las multitudes de huérfanos que han sido abandonados, sin nadie que los críe ni les cuente las verdades de la Palabra de Dios para sus vidas. Cuando abrimos los ojos a la existencia de los huérfanos que nos rodean, no solo se revela una gran tragedia sino una increíble oportunidad para los hombres del Reino.

En el libro de 1 Crónicas, escondido en medio de una genealogía tras otra, está el modelo de un mentor que impactó a su comunidad como padre espiritual. Su nombre es Aser. La Biblia nos dice los nombres de sus cuatro hijos y una hija, así como de sus descendientes. Luego resume: "Todos éstos fueron hijos de Aser, cabezas de familias paternas, escogidos, esforzados, jefes de príncipes; y contados que fueron por sus linajes entre los que podían tomar las armas, el número de ellos fue veintiséis mil hombres" (7:40).

El nombre Aser en hebreo significa feliz y bendito. Debido a su influencia en las vidas de los que le rodeaban, lo que está documentado acerca de Aser no lo está acerca de ningún otro entre todas las genealogías enumeradas antes y después de él. El legado de Aser es único porque sus hijos fueron "cabezas de familias paternas". Esencialmente, Aser fue mentor de líderes que obtuvieron posiciones de influencia en el Reino por ellos también ser mentores. Ese es el objetivo real de un hombre del Reino.

Describa cual sería su legado como hombre del Reino si su vida terminara hoy.

En nuestra nación hay un mundo de príncipes que carecen de alguien que les diga cómo ser hombres del Reino. No tienen a alguien con quien estudiar la Biblia. Nadie que los lleve a la iglesia. Nadie que los corrija cuando se equivocan. Nadie que les enseñe cómo vivir la vida, cómo tratar a una mujer, cómo actuar con responsabilidad y cómo hacer decisiones sabias. El resultado es una castración espiritual. Una sociedad que no los reconoce como príncipes los ha despojado de Su realeza.

Hoy nuestra nación necesita hombres que estén listos a guiar, como Aser y sus hijos, hombres que sean "cabezas de familias paternas". Si esto no sucede, seguiremos teniendo generaciones de hombres que no saben cómo tomar sus posiciones de liderazgo en el Reino de Dios.

Marque algunas opciones que consideraría para ser mentor de un joven en su comunidad:

☐ Ser tutor de jóvenes adolescentes

☐ Servir de voluntario en organizaciones de jóvenes

☐ Ser líder de un grupo de estudio bíblico

☐ Comenzar un grupo de discipulado

☐ Dar clases de cómo desenvolverse en la vida

☐ Ser entrenador de equipos deportivos

☐ Ir con jóvenes en un viaje misionero

☐ Organizar equipos para ministrar

☐ Otro:

¿Cómo tendría que ajustar su horario para tener tiempo y poder participar en oportunidades como esas?

El problema de nuestra sociedad no solo es el problema del gobierno. Es el problema de la iglesia. Es nuestro problema como hombres del Reino. Nuestro campo misionero no está al otro lado del mar. Está al otro lado de la calle en su propia Jerusalén y Judea, en Detroit, Dallas, Baltimore, Miami. Está en su comunidad local. No podemos desviar la mirada porque nos puede costar un precio imposible de pagar. Nos puede costar el futuro de nuestros hijos e hijas.

El reto que confrontamos es legendario. La batalla por la moral, los valores, la familia, la economía, el cuidado de la salud, educación y el Reino de Dios es real. Necesitamos hombres valientes que se conviertan en mentores de príncipes. Necesitamos hombres del Reino que cambien al mundo.

Y que lo cambien antes que el mundo nos cambie a nosotros.

Hoy todo se está haciendo público. Es hora que los hombres del Reino también se hagan públicos.

Ore acerca de su responsabilidad para ser mentor de la nueva generación de hombres del Reino. Comprométase delante de Dios a ser un padre espiritual en alguna de las maneras que estudió hoy. Ore, pidiendo valor e iniciativa para seguir adelante como hombre del Reino.

ESTUDIO BÍBLICO VIDAS VALIENTES

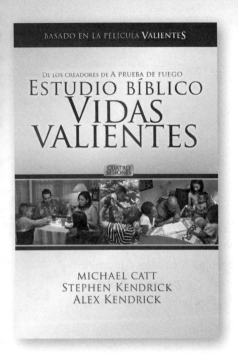

Estudio bíblico: Vidas Valientes
Courageous Living Bible Study
por Michael Catt, Stephen Kendrick y Alex Kendrick
BASADO EN LA PELÍCULA *VALIENTES*

Estudio bíblico Vidas Valientes: Libro para el participante
Courageous Living Bible Study, Member Book

El libro para el participante ofrece un estudio bíblico de cuatro semanas que ayudará a fortalecer a las familias y a los padres. El estudio bíblico se basa en la película *Valientes*, el cuarto estreno del ministerio cinematográfico de la Iglesia Bautista Sherwood en Albany, Georgia, que se une a las películas bestsellers *A prueba de fuego y Enfrentando a los Gigantes* para tocar los corazones e impactar las vidas a través de sinceras historias de fe y esperanza. (4 sesiones)

Courageous Living Bible Study Member Book provides the participant with a personal guide for a four-week Bible study to help strengthen families and fathers. The Bible study is based on COURAGEOUS the fourth release from the moviemaking ministry of Sherwood Baptist Church in Albany, Georgia and joins previous best sellers FIREPROOF and Facing the Giants to touch hearts and impact lives through heartfelt stories of faith and hope. (4 sessions)

005271303   **$6.99**
(9-781-415-868-867)

El paquete para el líder del estudio bíblico *Vidas Valientes* contiene los materiales necesarios para cuatro semanas de estudio bíblico que ayudarán a fortalecer a las familias y a los padres. El paquete contiene una guía para el participante y un DVD con fragmentos de la película *Valientes* para apoyar la lección de cada semana.

Aspectos que enfoca el estudio:
- Responsabilidad: Servir, proteger y lanzar una visión para la familia.
- Prioridades: Enfocar las cosas eternas en lugar de lo que es temporal.

- Legado: Reconocer el impacto del potencial del padre como el modelo de una vida sometida a Dios.
- Fe: Aumentar la sabiduría y el fortalecimiento de la identidad del padre en Cristo.

Curriculum Kit *provides leader resources for this four-week Bible study to help strengthen families and fathers. The Kit includes a Member Book and COURAGEOUS film clips to support each week's lesson.*

Study Focus Areas:
- *Responsibility: serve, protect, and cast a vision for the family*
- *Priorities: focus on eternal things rather than what is temporal*
- *Legacy: recognize a father's potential impact as a godly role model*
- *Faith: to increase in wisdom and strengthen a father's identity in Christ*

005474631   **$14.99**
(9-781-415-872-284)

LA BÚSQUEDA
DE UNA MASCULINIDAD
AUTÉNTICA

Fraternidad de Hombres: La búsqueda de una masculinidad auténtica

Men's Fraternity: The Quest for Authentic Manhood-Viewer Guide
por el Dr. Robert Lewis

Piensen en el poder transformador de los hombres en su iglesia y en la comunidad cuando se unen para examinar sus vidas y dar pasos para tener una auténtica masculinidad bíblica, esta es la meta de Fraternidad de Hombres. Esta es una serie de estudios de tres años sobre el ministerio de hombres. (26 sesiones)

Imagine the transforming power of men in your church and community convening to examine their lives and take steps toward embracing authentic biblical manhood. That's the goal of Men's Fraternity. This is a three-year, men's ministry curriculum developed by Robert Lewis (26 sessions)

005097867 **$9.95**
(9-781-415-860-137)

La búsqueda de de una masculinidad – Set de DVDs
en español e inglés
The Quest for Authentic Manhood - English & Spanish DVD Set

Incluye presentaciones de video en 24 DVDs, cada presentación con una duración de 45 minutos. Versiones en español e inglés están incluidas en estos DVDs (24 sesiones)

This DVD Set contains video presentations on 24 separate DVDs, each with approximately 45 minutes of content. English and Spanish sessions are included on the DVDs. (24 Sessions)

001260518 **$299.00**
(9-781-415-822-937)